하나님을 더 깊이 알기 원하며
진지하게 그리스도를 따르기를 희망한다면
이제 영적 지도에 대한 무지의 벽을 깨라

영적 멘토링

토니 호스폴 지음
정은심 옮김

기독교문서선교회(Christian Literature Center: 약칭 CLC)는 1941년 영국 콜체스터에서 켄 아담스에 의해 시작되었으며 국제 본부는 영국의 쉐필드에 있습니다.

국제 CLC는 59개 나라에서 180개의 본부를 두고, 약 650여 명의 선교사들이 이동도서차량 40대를 이용하여 문서 보급에 힘쓰고 있으며 이메일 주문을 통해 130여 국으로 책을 공급하고 있습니다.

한국 CLC는 청교도적 복음주의 신학과 신앙서적을 출판하는 문서선교 기관으로서, 한 영혼이라도 구원되길 소망하면서 주님이 오시는 그날까지 최선을 다할 것입니다.

Mentoring for Spiritual Growth

Written by
Tony Horsfall

Translated by
Jung Eun Sim

Copylight ⓒ 2008 by Tony Horsfall
Originally published in English under the title as
Mentoring for Spiritual Growth
by The Bible Reading Fellowship
Translated and used by the permission of
15 The Chambers, Vineyard, Abingdon,
Oxon, OX14 3FE, England

All Rights Reserved

Korean Edition
Copyright ⓒ 2016 by Christian Literature Center
Seoul, Korea

목차

추천사 _ 7
저자 서문 _ 10
역자 서문 _ 16

1장 출발점: 영적 멘토링의 정의 _ 21
2장 여행 준비: 영적 멘토링의 원리 _ 32
3장 옛 길: 성경과 기독교 역사 안에서 영적 멘토링 _ 42
4장 여행 동반자: 영적 친구 _ 54
5장 믿을 수 있는 안내자:
　　 멘토의 자질과 기술과 도구 _ 65
6장 경치 좋은 길: 영적 인식 계발 _ 83
7장 방향 감각: 분별의 은사 _ 96
8장 로드맵과 지침서: 통찰의 과정 안내 _ 109
9장 긴급출동 서비스: 영적 멘토링의 주요 이슈 _ 122
10장 길을 잃음: 신앙 문제 멘토링 _ 137
11장 어두운 밤의 여행: 하나님의 부재를 느낄 때 _ 149

12장 단체 여행: 소그룹 영적 멘토링 _ 163
13장 쉴 만한 곳:
       리트리트와 조용한 시간을 통한 영적 멘토링 _ 175
14장 목적지: 영적 멘토링의 목표 _ 185

부록A 영성 수련의 모범 _ 201
부록B 관상적 성경 읽기: 렉시오 디비나 _ 209
부록C 영적 멘토링을 위한 윤리적 지침 _ 212

참고문헌 _ 214

추천사

롭 프로스트 박사
예수나눔국제단체 대표

    예수 믿는 젊은이들이 직면하는 압박감에 대한 최근의 보고에 따르면 그들이 직장에서 신앙인으로서 그리고 지도자로서 성장하는 데 있어서 그들에 대한 지원이 많이 부족하다고 나타났다. 그러나 멘토링이 필요한 사람들이 그들만은 아니다. 사실, 나이와 책임이 무엇이든지 상관없이 우리는 모두 멘토가 필요하다. 나는 나 스스로 최근 여러 해 동안 미국에 있는 기독교 지도자로부터 멘토링을 받고 있다. 나의 멘토는 전화와 이메일 혹은 직접 만나서 다음 단계의 삶과 사역에서 내가 무엇을 해야할 지에 대해 구체화하도록 도와주고 있다.

    나의 멘토 벤 켐벨 존슨(Ben Campbell Johnson)은 나이로는 나보다 20세 연장자이지만 그의 나이보다 훨씬 더 지혜롭다. 아틀란타에 있는 그의 멋진 집에 머무를 때 그는 아침 조깅에 나를 데리고 간다. 그의 나이와 나의 약한 정력 때문에 이 운동이 우리에게 이야기하고 기도하기 알맞은 시간을 준다! 벤은 아틀란타에 있는 콜럼비아신학교에서 여러 해 동안 영성을 가르치는 교수였다. 인간의 영에 대한 그의 이해와 기독교 영성에 대한 그의 지식으로 이러한 아침 "산책"은 풍성한 나눔의 시간이 된다.

벤은 나 스스로 그리스도와 더 깊게 동행하는 행보를 찾아보도록 나에게 도전을 주었다. 그리고 나의 다음 단계의 삶과 사역에 대한 하나님의 목적을 성찰해 보도록 하였다. 나는 하나님께서 벤과 같은 사람들을 찾고 계신다고 믿는다. 하나님께서는 다른 지도자들을 제자로 삼고 코치하고 멘토링하고 그들 스스로 지도자들을 이끄는 지도자가 될 사람을 찾고 계신다.

멘토링은 본질적으로 관계에 관한 것이다. 멘토링은 멘토가 멘토리(멘토링을 받는 자)를 돕는 관계이다. 멘토리가 하나님이 주신 잠재력을 찾을 수 있도록 돕는 관계이다. 그것은 하나님이 주신 자원들을 나누면서 한 사람이 다른 사람의 능력을 북돋우는 경험이다. 그것은 어떤 분야에 대해 경험이 많은 멘토가 멘토리에게 지혜, 정보, 경험과 자신감의 자원을 전수해 주는 관계적 과정이다. 그래서 멘토리의 발전과 힘을 북돋우는 것이다.

나는 엘리야와 엘리사의 멘토링 관계 이야기를 좋아한다. 여기서 우리는 지혜가 한 세대에서 다음 세대로 어떻게 전해져 내려가는가를 본다. 열왕기하 2:9에서 엘리야가 그의 제자에게 "나를 네게서 데려감을 당하기 전에 내가 네게 어떻게 할지를 구하라"라고 묻는다. 그리고 엘리사는 대답한다. "당신의 성령이 하시는 역사가 갑절이나 내게 있게 하소서."

신약성경에도 이외 비슷한 예들이 나온다. 예수님의 그의 제자들과의 관계에서, 바울을 위한 바나바의 지원에서 그리고 바울이 디모데에게 제공하는 조언에서 이 예들을 발견할 수 있다. 디모데에게 향한 간곡한 권고에서 바울은 이 멘토링 과정이 계속되기를 원한다고 제안했다.

추천사 9

> 또 네가 많은 증인 앞에서 내게 들은 바를 충성된 사람들에게 부탁하라 그들이 또 다른 사람들을 가르칠 수 있으리라 (딤후 2:2).

멘토링을 집중적으로 하든지 아니면 간헐적으로 하든지, 이 책 안에는 관계의 발전을 안내하고 격려하는 내용들이 많이 있다. 멘토링은 교회에게 준 놀라운 선물이므로 토니의 지혜로운 조언을 사용해 보자. 그 선물이 가장 좋은 길로 사용되어질 수 있도록 말이다.

저자 서문

　이 책은 영적 지도에 관한 책이다. 이 책에서 기독교 전통에서 행해온 것을 현대 세대에게 접근하기 쉽고 적절하게 만들어 보려는 겸허한 시도를 하였다. 그러한 이유로 나는 영적 멘토링이라는 용어를 사용하기로 했다. 왜냐하면 "멘토링"은 요즘 더 많이 사용되고 있는 말이며 "영적 지도"와 같은 용어가 가져오는 중압감을 덜 가지기 때문이다.

　나는 "멘토링"이라는 단어도 혼동을 줄 수 있다는 것을 안다. 왜냐하면 사람마다 "멘토링"을 다른 방식으로 사용하기 때문이다. 그러나 "멘토링"이 현대 사고와 어휘에 더 적절하기 때문에 나는 그것을 더 선호한다. 그럼에도 불구하고 "영적 지도"라는 용어 사용을 전적으로 피할 수 없다는 것을 안다. 그래서 때로 두 단어가 상호 대체적으로 사용될 것이다.

　영적 지도를 주제로 쓴 책들 중 내가 지난 몇 년 동안 읽은 모든 책은 목회 현장에서 영적 지도에 대한 관심이 현저하게 증가하고 있음을 이야기하고 있었다. 그것은 건강한 신호이다. 왜냐하면 그것은 하나님을 더 깊이 알기 원하며 진지하게 그리스도를 따르기를 갈망하는 마음이 커지고 있다는 의미이기 때문이다. 영적 지도에 대한 관심은 온 세계에서 모든 유형의 교회들에서 일어나고 있다. 영적 지도 과정에 대한 이해와 그 실천 안에서 다른 사람을 훈련시켜야 할 필요성에 모두가 동의한다.

이러한 사역의 재발견은 저명한 그리스도인 지도자들이 이에 대해 점점 더 강조하는데서 찾을 수 있다. 예를 들어, 미국인 저자이자 상담가인 레리 크랩(Larry Crabb)은 다음과 같이 말했다.

> 그리스도인으로 살아온 지난 50여 년 동안 지금 보다 더 하나님을 향한 영혼의 갈망에 관하여 이야기하고, 그것이 인간의 인격 안에 있는 중요한 동기로 인지되고, 불타는 열정으로 강하게 경험되었던 적은 없다.[1]

레리는 계속해서 말한다.

> 이 혁명적인 사건이 더 발전되기 위해서 영적 지도라는 개념이 성경에 기초를 두고 명백하게 이해될 수 있게 하는 것보다 더 필요한 것은 없다. 또한 현명한 영적 지도의 실천을 가치 있게 하고 많이 실천하게 하는 것보다 더 필요한 것은 없다.[2]

영국에서는 셀윈 휴즈(Selwyn Hughes)가 그의 생애 후기에 영적 지도 훈련 과정을 소개하기 시작했다. 2006년 그가 죽기 2년 전에 다음과 같은 글을 남겼다.

---

1 Larry Crabb의 서문, David Benner, *Sacred Companions*, IVP, 2002, pp. 9-10.
2 Larry Crabb의 서문, David Benner, *Sacred Companions*, pp. 9-10.

> 나는 내가 미래의 일을 예견하는 선각자라고 생각지는 않
> 는다. 그러나 미래의 영적 지도는 복음주의적 교회에서 많
> 은 이들에 의해 수행될 것이라고 믿는다.³

성찰적 상담자들만 하나님의 영의 움직임을 알고 거기에 반응하는 것은 아니다. 적극적이고 외향적인 복음주의자들 중 어떤 사람들은 내적 성찰에 더 관심을 보이고 있다. 여러 해 동안 빌리 그래함(Billy Graham)과 협조하던 복음주의자인 레이튼 포드(Leighton Ford)는 30년 동안 전 세계를 대상으로 복음을 전한 후에 어떻게 그가 비전을 찾아 새롭게 되기 위하여 안식년을 가졌는지 묘사했다. 그 시간은 그의 전 생애를 완전히 다른 방향으로 돌려서 그의 강단을 일대일 영적 지도 사역으로 바꾸도록 인도했다.

영국의 복음주의자 롭 프로스트(Rob Frost) 또한 영적 멘토링의 혜택을 알고 있었다. 역동적이고 끝없는 열정으로 유명한 프로스트는 영국의 여러 중요한 복음주의적 시도들을 지원해왔다. 자신의 생애와 사역을 되돌아보면서 그는 그가 좀 더 이른 시기에 멘토링을 받았다면 그리스도인으로서 겪었던 많은 힘든 것들을 줄일 수 있었을 것이라고 했다.

롭은 다음과 같이 말했다.

> 나는 모든 그리스도인들이 스스로 영적 삶에서 제자로 여
> 기고 그들 보다 앞서서 영적 여정을 한 사람들로부터 안내

---

3 Selwyn Hughes, *My Story*, CWR, 2004, p. 378.

를 받아야 한다고 확신한다. 우리는 모두 하나님께서 우리를 위해 준비해 두신 훌륭한 것들을 갈망하는 영혼을 인도할 수 있는 영적 지도자가 필요하다.[4]

나는 완전히 배타적인 것은 아니지만 주로 복음주의적이고 은사주의적인 교회에 속한 사람들을 위하여 글을 쓰고 있다. 영적 지도 사역에 관하여 의심이 가장 많이 있어 온 곳은 여기이다. 의심할 바 없이 영적 지도라는 것은 한적한 수도원이나 리트리트 장소들에서 이루어지고 신부들과 수녀들에 의해 수행되며 별로 친숙하지 않은 언어와 실천을 한다는 어떤 신비감이 있다. 이 책이 이러한 신비적이고 친숙하지 않는 것들을 없애는 방향으로 향하기를 소망한다!

물론 "지도"라는 말의 의미가 로마가톨릭과 영국 국교회의 고교회파(高敎會派, High Church)가 가진 권위적인 성직제도(안수 받은 성직자들에게 특별한 권위를 허락하는 교리)의 뉘앙스를 좀 풍긴다고 꺼릴 사람들도 있을 것이다. 어떤 사람들은 성령과 성서가 우리를 인도하므로 우리는 다른 도움이 없이도 그리스도인의 길을 갈 수 있다고 생각하며 아마도 영적 지도가 필요 없다고 여길 것이다.

그러나 점점 더 많은 복음주의자들과 은사주의자들이 더 깊은 하나님 경험을 추구하고 있기 때문에 그들은 다른 전통에 마음을 열고 영적으로 풍성함을 찾고 있다. 그 방법 중의 하나는 도움과 조언을 줄 수 있는 "영혼의 친구"를 가지는 지혜이다. 그들이 최근

---

4 Rob Frost, *Five Things I Wish They'd Told Me When I Became a Christian*, Authentic, 2006, p. 108.

의 훌륭한 영적 지도 실천의 예들을 경험하기 시작하면서 그들은 영적 지도가 그다지 권위적이지 않으며 오히려 매우 가치가 있는 것임을 깨닫고 있다. 많은 사람들이 이제 리트리트나 한적한 시간의 유익을 즐기고 있으며 신앙의 여정을 인도해 줄 영적 동반자들(다른 일반적 용어를 사용하자면)을 찾고 있다. 영적 지도에 대한 무지의 벽이 천천히 무너지고 있다.

나는 영적 멘토링이 새로 자라나는 세대를 위한 그리스도인 남녀 지도자들의 필요를 채우기에 이상적이라고 생각한다. 포스트모던 문화는 관계 지향적이며 기성세대의 획일주의 정신을 저항한다. 21세기로 더 나아갈수록 미리 만들어진 제자화 프로그램은 효과적일 가능성이 적다. 멘토링은 각 개인이 특유하며 그들의 이야기와 영적 여정 또한 독특하다는 것을 알아볼 수 있는 여유를 제공한다. 지혜롭게 실천하면 멘토링은 개인을 양육하는 것이므로 많은 이들이 하나님을 더 깊이 경험하게 할 것이며 더 궁극적으로는 그들을 제자화로 이끌 것이다.

멘토링은 교회의 상황이 여러 새로운 접근들을 풍성하게 시도할 수 있을 경우 가장 잘 어울린다. 본질적으로 영적 멘토링은 영적 성장을 목적으로 하는 두 사람간의 관계이다. 그러한 이유로 이 책의 한 장은 좀 더 비공식적이며 더 일반적인 종종 영적 우정이라고 불리는 사역에 할애될 것이다. 누구든지 "영혼의 친구"로서 서로를 돌볼 수 있으므로, 교회에서 그리스도인들이 서로 그렇게 하기를 격려하고자 한다.

나는 또한 멘토링은 이 보다 훨씬 더 특성화되어야 한다는 것을 알고 있으며, 이에 관한 글은 더 깊은 수준의 사역에 소명이 있어서 이 사역이 매우 필요하며 매우 가치 있다고 여기고 이를 준비하는 이들에게 도움이 될 것이다. 당연히 멘토링은 시간이 많이 소비되고 힘이 드는 일이다. 더 많은 사람들이 하나님께 소명을 받고 성령으로 준비되어 이 사역에 들어서야한다. 만일 하나님을 향한 갈망이 충족되고 점점 더 험악해지는 세상의 도전에 직면하기에 충분할 만큼 교회가 강해져야 한다면 말이다.

  나는 이미 다른 사람들을 멘토링하고 있는 사람들이나 하나님께서 이 길로 부르셨다는 생각이 드는 사람들에게 이 책을 권한다. 사역의 실제 과제에 관하여 다시 구상하는 교회 지도자들도 읽기를 소망한다. 소그룹에서, 아마도 셀그룹 회원들이 하나님 안에서 그들만큼 성장하기를 원하는 리더들, 혹은 하나님을 추구하기를 원하는 목적으로 함께 만나는 친구들도 이 책을 읽기를 바란다. 또한 나는 지역 교회 사역을 준비하는 학생들이 읽고 그들이 미래 사역의 모습에 대한 새로운 가능성을 볼 수 있도록 돕기 원하며, 다른 문화 속에서 살면서 사역하는 선교사들이 읽어서 그들이 영적으로 계속 새로워지도록 돕기를 원한다.

  가장 중요하게는 이 책이 하나님의 손에 들려져 그의 백성들이 그에게 더 가까워지고 그들이 이 세상에서 더 효과적인 증인이 되게 하는 데 사용되어지기를 기도한다.

역자 서문

정은심 박사
백석신학교 외래교수

영국에서 20여 년 살면서 영국과 유럽 대륙을 때때로 여행할 기회가 있었다. 우리 가족만 혹은 여러 가족이 함께 여행해 보았다. 매 번 낯선 곳으로의 여행이 주는 설렘과 기대감, 불안과 두려움 등이 뒤섞인 복잡한 감정의 기류들이 내 안에 그리고 여행 동반자들 사이에 오갔다. 같은 곳을 여러 차례 가 보았어도 그때마다 다른 경험을 했다. 계획 없이 갔어도 혹은 계획을 잘 하고 갔어도 매번 예상치 못한 일들이 일어났다. 당황스럽고 화가 날 때도 있었지만 지금 돌아보면 예상했던 멋진 풍경이나 장소보다는 돌발 사건과 상황이 더 기억에 남는다.

돌발 상황은 우리의 무지 때문에 일어나기도 했지만 대부분 우리의 부주의나 자만 혹은 예민하지 못함으로 인한 결과들이었다. 그 때는 스트레스가 되었지만 우리가 서로 인내하며 그 상황을 잘 극복했었다. 때로는 우리의 지혜와 힘으로는 아무 것도 할 수 없는 정말로 급박한 순간에 '보이지 않는 손의 도움'을 경험하기도 했다. 우리는 그것을 위로부터 오는 은혜였다고 말하곤 한다. 매번의 여행은 나의 사고의 폭을 넓혀 주었고 나를 스스로 더 알아가고 상대방을 알아가고 동시에 나를 상대방에게 알리는 시간들이었다. 인격 수련의 과정이었다.

인생 여정도 이와 같고 그리스도인의 신앙의 여정도 이와 같다. 영적 삶의 여정을 여행의 여정이라는 은유로 풀어나가는 토니 호스폴의 『영적 멘토링』(*Mentoring for Spiritual Growth*)은 바로 이와 같은 울림을 우리에게 안겨준다. 복음주의적인 입장에 서있는 저자는 스스로 고민하며 실천해온 경험을 바탕으로 기독교 전통에서 오랫동안 시행되어 온 영적 지도와 영성 수련의 가치를 현대 언어로 재조명한다.

저자는 자칫 부담스러울 수 있는 이러한 용어를 현대인들에게 친근하게 설명한다. 영적 지도나 영성 수련이라는 말이 생소한 복음주의 기독교인들 혹은 젊은이들에게는 영적 멘토링이라는 말이 아마도 더 쉽게 다가갈 수 있을 것이다.

이제 그리스도인이 되었든지 아니면 몇 십 년 사역을 해온 목회자이든지 우리는 영적 여정 중에 있으며 그 여정을 잘 인도해 줄 영적 멘토가 필요하다. 상담사나 목회 사역자들은 정신적으로나 영적으로 고도의 에너지를 사용하는 사람들이다. 특히 목회 사역을 하는 분들은 참으로 외롭다. 이들을 지켜보는 배우자와 가족들도 마찬가지이다. 외로이 이 길을 가고 있다. 그 길을 가다가 쓰러지고 넘어지고 멍들고 병들고 몸과 마음이 지치고 망가져도 심지어 영적으로 병이 들어도 '영적 가면'을 쓰고 '연기'를 하면서 사역하고 있다. 그러면 사역이 기쁨이 아니라 고역이 된다.

그래서 멘토링 제도나 감독제도가 필요하다. 상담사들은 감독에 의해서 늘 지도를 받는데, 목회 사역자들을 위해서는 이러한 제도가 왜 열악한 것인지 늘 의문을 가지고 있었다. 『영적 멘토링』은 나의 이러한 의문을 풀어 주기에 충분했다.

『영적 멘토링』은 영적 여정의 모범이 되는 영적 거장들의 이야기를 소개하면서도 인간으로서 우리의 정서적이고 관계적인 필요를 인식하고 충족시키는 문제를 간과하고 있지 않는다. 이 점이 아마도 기독교 전통에서 수행되어 온 영적 지도와 영성 수련을 소개하는 여러 다른 책들 중에서도 이 책이 갖는 독특함과 가치라고 볼 수 있다.

이 책에서 소개되고 있는 정신의 작용과 건강에 관한 정보는 그 깊이가 그다지 깊지 않지만 이 부분에 관하여 무지한 그리스도인들에게는 중요한 앎을 제공할 것이다. 저자는 참 자기를 발견하고 알아가는 과정을 하나님을 알아가는 과정의 핵심으로 소개하고 있기 때문이다.

멘토링에 관한 여러 저서들에서는 보통 멘토링을 받는 사람을 멘티 혹은 제자 등으로 표현한다. 하지만 저자는 꼭 필요한 경우에만 멘토리라는 용어를 사용하면서 대부분의 경우에는 "멘토링을 받는 사람"으로 표현하고 있다. 저자는 영적 멘토링을 일대일 영적 멘토링과 공식적인 영적 멘토링에 초점을 두고 있지만, 소그룹 영적 멘토링과 영적 우정을 나누는 관계와 같은 비공식적 영적 멘토링 관계도 염두에 두고 있다.

『영적 멘토링』은 가볍게 읽을 수 있으면서도 영적 멘토들에게 지침서처럼 사용될 수 있다. 영적 여정의 출발점부터 목적지까지 일련의 과정을 생각하면서 써진 책이므로 처음부터 끝까지 읽을 수도 있지만, 독자들이 각각 자신의 혹은 자신이 멘토하는 사람들에게 알맞은 과정을 찾아서 읽고 참조할 수 있을 수도 있다.

　저자가 자신의 경험을 바탕으로 재조명해 놓은 영성 수련의 모범이나 렉시오 디비나 그리고 영적 멘토링의 윤리적 지침 등 부록에 첨부된 것들은 영적 멘토들에게 매우 유용할 것이다. 저자가 일상의 언어를 사용하였기 때문에 역서에서도 그것이 드러나기를 바라면서, 영원한 영적 멘토이신 성령의 멘토링 사역에 동참하고자 하는 사람들, 즉 영적 여정 중에 있는 사람들을 돕기 위해 준비하고 있거나 영적 멘토링 사역을 이미 하고 있는 사람들에게 이 책이 많은 도움이 되기를 소망한다.

Mentoring for Spiritual Growth

제 1 장
출발점: 영적 멘토링의 정의

　나는 호주의 릭 루이스(Rick Lewis) 목사로부터 영적 멘토링에 관하여 처음 소개 받았다. 그는 영국성서공회의 초청으로 교회 지도자들에게 영적 멘토링에 대해 소개하기 위하여 1999년 영국에 왔다. 나는 곧바로 그가 소개하여 준 것에 대해 열정적으로 반응했다. 왜냐하면 멘토링은 이미 내 생애 동안 직감적으로 해 온 것이었지만 앞으로의 나의 사역에서 중요한 요소가 될 것임을 알았기 때문이다.

　멘토링에 대한 릭의 정의는 매우 간단하다. 멘토링은 다른 사람의 삶에서 하나님의 사역을 증진시키는 것이다. 이 간단한 정의는 내가 가장 하기를 원하는 것에 대해 내 가슴 깊이 감동을 주었다. 멘토링이 하나님께서 사역을 위하여 나를 어떻게 준비시켜 오셨는가와도 관련이 있지만 다른 사람들이 하나님을 더 경험하도록 돕는 것이 내게 최우선적으로 중요하며 내 사역의 목적이라는 생각이 들었기 때문이다.

　영적 멘토링에 관여하는 사람들은 보통 이와 같이 말한다. 왜냐하면 그들은 영적 멘토링이 보통 하나님의 부름과 관련이 있고 이것이 하나님 아버지께서 우리에게 하시기를 원하는 것이라고 느끼기 때문이다. 이것이 우리가 일반 멘토링이 아니라 "영적" 멘토링이라고 말하는 한 가지 이유이다. 영적 멘토링은 기계적으로 학습되어 열정 없이 사용되는 하나의 기법이나 일련의 기술이 아니다. 그것은 소명감으로 동기화되며 하나님께로부터 에너지를 얻는다.

우리가 사용하는 용어를 명백하게 정의하는 것은 어느 주제에서나 중요하다. 왜냐하면 그것은 우리가 같은 지점에서 출발했다는 의미이며, 우리의 대화가 명백하도록 돕기 때문이다. 릭의 정의는 나로 하여금 멘토링에 관하여 더 주의 깊게 생각해 보게 했으며, 그래서 나는 이 용어에 대한 나의 이해를 확대시킨 다른 여러 정의를 알게 되었다. 나는 멘토링을 다른 사람과의 일대일 관계에서 사용하여 그 사람(멘토리)이 신앙 안에서 성장하고 발전할 수 있게 돕는 기본적 기술로 알고 있다. 이는 멘토링이 여러 비슷한 활동의 "중심"이라는 의미이다.

멘토링은 목회 돌봄, 제자화, 코칭, 교육, 상담 그리고 영적 지도 등을 위하여 여러 다른 방향으로 사용될 수 있다. 나는 "영적 멘토링"이라는 용어를 멘토링 기술이 영적 지도의 과정에서 사용되고 있음을 말하기 위하여 사용하였다. 내가 그 용어를 이러한 방식으로 사용하는 것에 동의하지 않는 사람들이 있겠지만 적어도 내가 무엇을 말하려는 것인지는 알 것이다!

영적 멘토링에 대한 여러 정의를 하나씩 살피다 보면 그 정의들이 복잡한 가운데 형성되었으며 각 정의들은 우리의 종합적인 인식에 뭔가 새로운 것을 추가해 주는 것을 알 수 있다. 깊이 생각해 보면서 우리는 영적 멘토링에 대한 다음의 세 가지 주요 질문을 할 것이다.

- 누가 관여하는가(사람)?
- 실제로 무슨 일이 일어나는가(과정)?
- 무엇을 위한 것인가(목적)?

첫 번째 정의는 밴쿠버 리젠트칼리지에서 여러 해 동안 가르치고 있는 매우 존경받는 저자이며 사상가인 유진 피터슨(Eugene Peterson)의 글에서 살필 수 있다. 그의 저술은 복음주의자들에게 기독교 영성의 영역을 폭 넓게 개방시켜 주었다. 그는 다음과 같이 말하였다.

> 영적 지도는 두 사람이 하나님께서 그(들)의 삶에서 하시는 일에 그들의 모든 관심을 쏟고 신앙 안에서 응답하려고 할 때 일어난다.[5]

여기서 우리는 영적 멘토링은 보통 의도적이며 목적이 있는 일대일 관계에 있는 사람들과 관련 있는 것을 알 수 있다. 이는 멘토링을 관계가 발전될 수도 있고 그렇지 않을 수도 있는 비형식적인 관계가 아니라 관련된 사람들이 그 관계에 헌신하는 공적인 관계로 본다. 멘토링은 정확한 목적이나 목표를 염두에 둔다. 그 목적

---

5 Eugene Peterson, *Working the Angles*, Eerdmans, 1987, p. 103.

은 하나님께서 누군가의 삶에서 행하시는 것을 이해하고 나눔을 통해서 발견한 것을 어떤 방식으로 응답하도록 격려하는 것이다. 어떤 경우에 이것은 상호호혜적일 수 있다고 본다. 더 나아가, 그 과정은 집중된 노력이 요구되며 잘 이행되려면 거기에 초점을 맞추어야 할 필요가 있는 것이다. 그것은 우리가 최대한의 주의를 기울이기를 요구한다.

두 번째 정의는 호주성서유니온의 존경받는 지도자 존 말리슨(John Mallison)의 글에서 찾을 수 있다. 그는 원래 제자도에 관하여 저술하고 있는데, 내가 이해한 바로는 신자들을 돕는 과정은 신앙의 기초를 더 확고히 세우게 하여 그들이 그리스도를 위하여 효과적으로 살면서 열매를 맺으며 섬길 수 있게 한다. 우리가 영적 멘토링을 정의하는데 있어서 말리슨의 정의를 추가하기에 충분할 만큼 그는 영적 멘토링에 관련 있는 것이 무엇인지에 대해 폭넓게 정의하고 있다.

> 기독교 멘토링은 한 사람이 다른 사람과의 역동적이고 의도적인 신뢰의 관계 안에서 그들의 삶과 섬김에서 하나님의 은혜를 최대화할 수 있도록 돕는 것이다.[6]

여기서 우리는 멘토링을 특별히 기독교적 방식으로 사용하고 있음을 주목한다. 또한 멘토링은 구조화된 상황에서 두 사람이 관여한다는 것을 알 수 있지만 그 관계는 신뢰 위에 세워진다는 새

---

[6] John Mallison, *Mentoring to Develop Disciples and Leaders*, Scripture Union, 1999, p. 8.

로운 요소가 소개된다. 멘토링은 우정을 맺고 마음을 쉽게 열고 연약해 질 수 있는 안전한 환경을 만드는 것과 관련 있다. 이제 우리는 멘토링의 과정이라는 것에 좀 더 근접해졌다. 멘토링은 특별히 멘토리가 하나님의 은혜를 다방면으로 경험할 수 있도록 도우면서 그가 힘을 얻을 수 있게 하는 관계이다. 그러므로 멘토링의 초점은 멘토가 아니라 하나님과 멘토리에게 있다. 그리고 그 목적은 이것을 삶의 모든 국면에 적용하는 것이며, 멘토링 관계에 해당되지 않는 국면은 아무것도 없다.

브루스 데머레스트(Bruce Demarest)는 유럽 학생들과 사역했고 아프리카 선교사였으며 현재는 미국 덴버신학교 교수이다. 그는 복음주의자들이 기독교 영성에 더 깊이 관여해야 할 필요성을 강조하면서 영적 지도에 대한 정의를 다음과 같이 하고 있다.

> 구조화된 목회 사역으로 영적 지도자라 불리며 은사 있고 숙련된 그리스도인이 다른 신자가 관계 안에서 성장하여 그리스도에게 순종하도록 돕는 것이다.[7]

이제 영적 지도를 제공하는 사람에 관하여 좀 더 알아보자. (하나님의 방식으로) 그들은 숙련되고 (성령에 의한 그리고 적절한 훈련을 통한) 은사가 있어야 한다. 나중에 그러한 사람의 자질들에 관하여 더 말할 것이다. 그 과정은 (언제 어디에서 그리고 어느 정도 만나야 하는지 등에 관한 합의를 하는 것과 같은) 구조가 필요하다. 목적에 관하

---

7 Bruce Demarest, *Satisfy Your Soul*, NavPress, 1999, p. 193.

여도 조금 더 언급되어야 한다. 이것은 성장뿐만 아니라 순종을 가져온다. 그 관계가 편한 담소를 하는 것에서 벗어나 하나님의 뜻을 발견하고 행하는 것을 하도록 도전한다.

내 생각에 가장 영향을 준 저자는 아마도 조지아 아틀란타의 심리학과 영성 교수인 데이비드 베너(David Benner) 박사이다. 영혼 돌봄의 중요성과 폭넓은 기독교 영성의 가치에 대한 그의 발견은 나로 하여금 그가 영적 친구라고 부르는 것에 열정을 갖게 했다. 그는 다음과 같이 말한다.

> 영적 지도는 하나의 기도 과정으로 하나님과 더 깊은 관계를 갖기 원하여 도움을 구하는 한 사람이 삶의 한가운데서 하나님에 대한 인식을 증가시키고 하나님의 뜻에 순복하도록 초점을 맞추는 기도와 대화를 하기 위해 다른 사람을 만나는 것이다.[8]

이제 우리는 왜 이것이 영적 멘토링인지 알기 시작했다! 사람에 관하여 말하자면, 멘토리는 열정적으로 하나님과의 더 깊은 관계를 추구하면서 영적 갈망의 관계에로 나아온다. 응급처방을 원하는 것이 아니라 오랜 시간 그 관계를 형성하는 방법을 찾는 도움을 구한다. 이것은 그 관계가 성장 중심적이지 문제 지향적이지 않다는 의미이다. 이것이 멘토링이 상담과 구분되는 점이다. 그

---

8 David Benner, *Sacred Companions*, IVP, 2004, p. 94.

과정도 매우 영적인 접근방법을 사용한다. 기도로 그리고 주요한 요소로 기도뿐만 아니라 의미 있는 대화로 진행된다.

영적 멘토링은 그것이 좋은 것이든 그렇지 않은 것이든 매일의 일상에서 하나님이 하시는 일을 알아차리기를 추구한다. 분별력이 필요한 과정이다. 그 목적 또한 확실한 용어로 표현된다. 멘토리는 그들의 삶을 위한 하나님의 뜻이 무엇이든지 그것에 온전히 자신을 맡긴다.

우리의 마지막 정의는 아마도 가장 포괄적일 것이다. 저자이며 미국의 영적 멘토인 키이스 앤더슨(Keith Anderson)과 랜디 리스(Randy Reese)의 정의에서 알 수 있다.

> 영적 멘토링은 멘토, 멘토리 그리고 성령 간의 삼중관계이며, 거기에서 멘토리는 이미 현존하는 하나님의 행위, 하나님과의 친밀감, 하나님의 자녀로서 정체감 그리고 하나님 나라에 응답하는 소리를 통하여 발견할 수 있다.[9]

'삼중'이라는 단어에 두려워하지 말라—그것은 비밀결사 중국인 단체와는 전혀 관련 없다! 영적 멘토링에 관여하는 사람들에 대해서 말하자면, 두 명이 아니라 세 명이며, 정말로 중요한 분은 성령이고, 그 분은 진정한 영적 지도자이며 영적 멘토링 관계가 그 분에게 달려있다는 말이다. 성령의 사역에 의지하는 것은 영적 멘토링에 대한 언급 중 가장 최근의 특징이다. 이것을 알고 환영할 때

---

[9] Keith Anderson and Randy Reese, *Spiritual Mentoring*, Eagle, 1999, p. 12.

우리는 권위주의를 두려워할 필요가 없다. 멘토링 과정은 하나님이 이미 일하시고 계신다는 것을 깨닫는 분별의 하나로 여겨지지만, 여기서 그 목적은 훨씬 더 세밀하게 표현된다.

멘토링 관계에 대하여 세 가지 중요한 요소를 소개한다.

첫째, 우리를 향한 하나님의 사랑에 근거하여 하나님과 더 가까운 관계를 즐기는 것인데, 그것은 하나님과 더 깊게 연결되어 있음을 느끼는 것을 말하는 갈망과 잘 어울린다.

둘째, 두 번째 요소는 첫 번째 요소에서 나온 것으로 우리가 하는 것에 의해서가 아니라 우리의 존재 그 자체 때문에 하나님께로부터 사랑받는 자녀라는 정체감을 발견하는 것이다. 이것은 오랫동안 교회의 행동주의라는 런닝머신을 타면서 탈진된 분주한 그리스도인들을 해방시킨다.

셋째, 세 번째 요소 또한 두 번째 요소로부터 연유되는데, 그것은 하나님께서 주신 소명, 하나님께서 우리에게 특별히 주신 은사가 무엇인지를 깨닫는 것이다.

우리 자신의 독특한 '모습'의 발견은 하나님의 무조건적인 사랑과 우리가 그의 자녀라는 안전한 정체감을 갖는 것 이상을 의미한다. 이것은 기독교적 봉사를 고된 일의 영역에서 들어 올려 흥미 있고 만족스러운 체험이 되게 한다.

이제 이 모든 것을 함께 모아서 영적 멘토링이라는 것이 무엇을 의미하는지 살펴보자.

● **사람**

멘토는 아마도 기독교 여정에서 조금 더 나아가 있으며 멘토리와 신뢰할 수 있는 친구 관계를 형성하여 그들이 자신의 매우 깊은 욕구와 갈망과 두려움을 나눌 수 있는 안전한 공간을 제공한다. 멘토리는 영적으로 성장하고자 하는 욕구와 하나님을 더 깊이 알고자 하는 갈망 그리고 멘토와의 시간에서 혜택을 얻을 수 있도록 기꺼이 마음을 열며 취약해지려는 의지를 가지고 관계에로 나아온다. 그 관계는 비형식적일 수 있지만 보통 명백한 경계선이 있고 양 당사자에게 명백한 기대치가 있는 확실한 구조를 가진다. 매우 중요하게 세 번째 인물, 즉 진정한 멘토인 성령이 늘 함께하신다.

● **과정**

영적 멘토링 과정은 이야기를 나누는 것을 포함하고 멘토는 경청하는 일을 담당한다. 삶의 어떤 부분도 이에 해당되지 않는 것이 없다. 멘토리의 삶에 무슨 일이 일어나고 있는지 함께 탐구하고 하나님께서 지금 하시는 일과 삶의 상황에서 말씀하시는 것을 더 의식하기 위하여 함께 찾는 것이기 때문이다. 멘토와 멘토리는 모두 성령을 의지하고 그의 음성을 듣기 위하여 조율을 하고 어디로 인도하시는지를 함께 분별한다.

● **목적**

멘토링 관계는 멘토리가 하나님의 충족하신 은혜를 발견하여 그 자신의 상황과 소명에 적용하도록 하는 명확한 목적을 가지고 있기 때문에 의도적인 것이다. 그것은 하나님의 무조건적인 친밀한 사랑을 탐구하고 그 자신의 고유한 은사와 소명을 발견하며 그들의 미래와 사역에 대한 하나님의 뜻을 분별하는 단계들이 필연적으로 포함될 것이다. 이것은 물론 하루 밤에 이루어지지 않으며, 멘토링 관계는 일정한 기간 동안 계속된다.

영적 멘토링이 무엇인지를 좀 더 명백히 파악해보면서 우리는 그것이 다른 양상의 영적 돌봄과 어떻게 다른지를 알 수 있을 것이다. 서로 겹쳐지는 부분도 분명히 있을 것이며 다른 접근방법들은 함께 혼합될 수 있지만 영적 멘토링의 고유함과 독특함이 무엇인지를 이해하는 것이 중요하다.

영적 멘토링은 목회 돌봄과 다르다. 왜냐하면 그것은 지금 이 순간의 필요를 넘어서서 삶의 방향과 목적에 대한 더 큰 그림을 다루기 때문이다. 그것은 제자화와 다르다. 왜냐하면 그것은 한 사람의 신앙이 한번 세워진 후 그 영혼의 성장에 관심이 있기 때문이다. 그것은 코칭과 다른데 왜냐하면 그것은 어떤 특정한 기술을 가르치는 것이 아니지만 개인이 하나님과의 관계에 총체적으로 관여하도록 격려하기 때문이다. 그것은 가르침과 다르다. 왜냐하면 그것은 지식을 전하는 것이 아니라 하나님을 경험하는 것과 우리가 이미 알고 있는 것을 적용하는 것이기 때문이다. 그것은 상담과 다르다. 왜냐하면 문제가 아니라 잠재력에 초점을 두고 있기 때문이다.

데이비드 베너는 영적 멘토링을 영혼 돌봄의 백미로 묘사한다.[10] 나는 그의 생각에 전적으로 동의한다. 다른 사람의 삶에 하나님의 사역을 증진시키는 것 보다 내게 더 큰 기쁨이나 특권은 없다.

---

[10] Benner, *Sacred Companions*, p. 87.

제 2 장
여행 준비: 영적 멘토링의 원리

영적 멘토링은 기독교적인 삶에 대하여 어떤 사람들에게는 낯설 수 있는 독특한 접근방법을 취한다. 다른 방식으로 보고 어떤 경우에는 완전히 새로운 사고방식을 도입한다. 영성 형성을 고정된(주어진 프로그램을 통해 얻을 수 있거나 모두에게 알맞은 경직된 교과과정과 같은) 것으로 보기보다는 끝없는 역동적 과정으로서 우리가 그리스도처럼 되는 방식으로 본다. 어떤 의미에서 개인에게는 사적이고 고유한 것이므로 이 과정은 예측불허하고 신비적이다. 이제 영적 멘토링 여정을 위한 기본적 가정을 살펴보자.

1. 영적 멘토링 여정

첫 번째 가정은 영적 삶은 여행 과정과 같다는 것이다. 신자가 되면 우리는 일생동안 하게 될 모험을 그저 시작했을 뿐이다. 이것은 신앙을 가지게 될 때 우리가 "도달했다"는 인상을 주는 제자화 모델과 매우 대조된다. 또한 제자화의 첫 번째 단계에서 초기에 비중을 두어 사람들을 높이 올려놓고 빈틈없게 하여 새로운 목적이 없이 같은 것만 더 추구하게 하는 접근방법들과도 대조된다. 영적 멘토링은 항상 배울 것이 더 있으며 새롭게 발견할 것이 있고 새롭게 성장하고 발달시킬 무엇인가가 항상 있다고 여긴다.

예수님이 제자들을 처음 부르실 때 "나를 따라오라"(막 1:17)고 하셨는데, 그것은 단순한 초대였지만 그것의 요구와 의미는 광범위하며 도전적인 것이었다. 예수님을 따르는 것은 그의 발자취를 따르고(벧전 2:21) 그가 걸어가신 것처럼 걸으며(요일 2:6) 그가 인도하시는 데로 응답하고(요 10:27) 그가 계신 곳에 있어야 하는(요 12:26) 지속적인 부름이다. 우리는 우리가 삶의 여러 다른 단계를 지나듯이 그리스도를 따르도록 부름을 받는 것도 이와 같다. 이 여정은 탄생부터 유아기를 거쳐 유년기로, 유년기에서 청소년기를 거쳐 성인초기로, 그리고 성인초기에서 중년기를 거쳐 노년기로 가는 여러 단계들을 가진다.

각 단계는 고유한 도전과 기회가 있으며 그리스도를 따르기 위한 나름의 응답을 요구한다. 삶의 행로에서 만나는 모든 순간마다 모든 변화마다 예수님은 관련이 있으며, 우리는 우리가 처한 삶의 여정에서 각각 알맞은 영성을 발달시킬 필요가 있다.

영적 멘토는 우리 삶의 다양한 전이 과정을 통과하여 잘 나아가도록 도우며, 인생의 시기별로 찾아오는 "계절들"을 즐거워하고 음미하며 우리 여정의 일부로서 피할 수 없는 인생의 정상과 깊은 계곡을 안전하게 지나갈 수 있도록 도울 수 있다.

우리는 생각과 말과 인격과 행동에서 그리스도처럼 되도록 그를 따르라고 부름 받았다. 이것을 변형적 혹은 내적 여정이라고 부르며, 그것은 우리 삶의 여정 가운데 변화를 의미한다. 그 목표는 그리스도가 우리 안에 형성되게 하여 그를 모방하는 것이다. 의미 없는 규범을 겉으로 따라하는 것이 아닌 우리 안에 거주하신 그리스도가 우리를 통하여 드러나게 하는 것이다(갈 4:19; 골 1:27).

영적 멘토링은 우리의 삶의 현실을 변형하기 위하여 하나님이 어떻게 일하고 계신지를 우리가 탐험할 수 있는 안전한 장소를 제공한다. 그것은 자기만족이나 타성을 계속 피해 가도록 충분한 격려와 도전을 우리에게 제시한다.

우리는 또한 일상 속에서 그리스도를 위해 살며 세상에서 그의 뜻에 봉사하면서 그를 따르도록 부름 받았다. 이것은 우리 자신의 나라 안에서나 다른 나라에서나 지리적으로 그가 우리를 인도하시는 곳이 어디든지 따라간다는 의미일 수도 있다. 아브라함처럼 우리 자신의 나라를 떠나라고 부름 받을 수도 있고 하나님께서 우리에게 보여주실 장소로 가라는 말일 수도 있다(히 11:8). "따르라"는 말에는 "가라"는 명령도 함축되어 있다(요 15:16).

그것은 우리 교회 안에서나 지역 공동체 안에서 봉사할 곳을 찾아서 우리의 영적 은사를 발견하여 다른 사람을 위하여 이타적으로 그 은사를 사용하는 것일 수도 있다. 그리스도께 봉사하기 위한 소명은 자연스레 오지만 그것에 계속적인 순종이 요구된다. 이스라엘 백성이 낮에는 구름기둥 밤에는 불기둥에 의해 인도되었듯이 하나님께서는 우리를 앞으로 새로운 것으로 인도하시기 위하여 우리의 가슴이 뛰게 할 것이다(출 13:20-22). 때로 인도하심이 명확하고 단순하지만 때론 옳은 것을 분별하기 어려울 수도 있다. 영적 멘토들은 그런 결정의 순간에 우리를 도울 수 있다.

사도 바울에 관하여 내가 사모하는 것 한 가지는 그는 그를 부르신 분을 찾는데 있어서 결코 정체되어 있지 않고 항상 하나님께 다가가려고 하였다는 것이다. 그는 "속도 제어장치"를 사용하면서 그의 영혼이 자기만족에 빠지게 하지 않았다. 오히려 그 길은 여전히 그의 앞에 펼쳐져 있었으며 소멸되지 않는 열정으로 주를 따르려 하였다. 그는 이렇게 말한다.

> 내가 이미 얻었다 함도 아니요 온전히 이루었다 함도 아니라 오직 내가 그리스도 예수께 잡힌바 된 그것을 잡으려고 달려가노라 형제들아 나는 아직 내가 잡은 줄로 여기지 아니하고 오직 한 일 즉 뒤에 있는 것은 잊어버리고 앞에 있는 것을 잡으려고 푯대를 향하여 그리스도 예수 안에서 하나님이 위에서 부르신 부름의 상을 위하여 달려가노라(빌 3:12-14).

2. 내적 삶

두 번째 가정은 내적 삶이 외적 삶을 지탱한다는 신념이다. 급변하는 문화와 생동하는 고도의 기술과 각종 기회의 물결로 넘쳐나는 때에 외적 활동의 세계가 모든 것이라고 생각하는 덫에 걸려들기 쉽다. 그러나 영적인 사람들은 참된 행동은 보이지 않는 영역에서 일어나며 거기서 기도가 드려지고 신앙이 실천되며 하나님께서 일하신다는 것을 안다. 영적 멘토링 과정은 우리에게 내적 삶이 인식되고 강해지며 돌봄을 받아야 할 필요가 있다는 진리로 되돌아가도록 친절하게 요구한다.

　나무는 보이지 않는 아래쪽으로 먼저 자라서 건강한 뿌리로부터 양분을 얻고 지지를 받지 않는 한 위쪽으로 자라지 못하며 열매를 맺을 수도 없다. 키가 큰 나무는 더 깊은 뿌리가 필요하고, 뿌리가 없는 나무는 강풍이 불면 날아가 버린다. 이와 같이 우리의 일상생활이 더 바쁠수록 비록 그것이 다른 사람에게 봉사하는 것일지라도 우리는 우리의 내적 자아를 더 돌볼 필요가 있다.

　바로 이러한 이유 때문에 영적 멘토링이 리트리트 장소나 조용한 시간 속에서 행해지게 된다. 이것은 우리에게 속도를 줄이게 하고 고요함과 성찰할 기회를 제공하여 우리에게 무슨 일이 일어나고 있는지 우리가 어디로 가고 있는지 우리가 진정한 가치를 따라 살고 있는지를 깊이 생각해 보게 한다. 잠언 4:23에서 "모든 지킬 만한 것 중에 더욱 네 마음을 지키라 생명의 근원이 이에서 남이니라"고 말하고 있다.

　그러므로 영적 멘토들은 우리 삶에서 일과 쉼 그리고 행사 활동과 친밀감 형성 사이에서 균형을 이루도록 도전할 것이다. 그들은 우리의 진정한 정체감이 우리가 수행하는 것이나 우리의 업적에 달려 있는 것이 아니라 우리가 하나님의 사랑받는 자녀이며 우리가 행하는 것으로 하나님의 은총을 얻으려 할 필요가 없다는 사실을 우리에게 상기시켜줄 것이다. 그들은 존재가 행위의 근거가 되도록, 영적 쉼의 자리에서부터 작업하도록 우리를 도울 것이다.

　즉 우리가 하나님의 수용하심을 확실히 알되 그것이 우리가 무엇을 하는 것이나 하지 않는 것에 달려있는 것이 아니며, 우리가 누구인가에 대한 진정한 인식을 하되 우리가 투사하는 이미지를 통해서가 아님을 알도록 우리를 도울 것이다. 개인적으로 내가 사랑받는 존재라는 것을 발견한 것이 그리스도인으로서의 내 삶에서 가장 큰 복 중의 하나였으며, 그것은 하나님과의 관계와 하나님을 섬기는 방식을 변형시켰다.

영적 멘토들은 우리 삶에서 결코 하나님의 자리를 차지하고자 하지 않는다. 정말로 그들의 목적은 우리를 격려하여 우리를 향한 하나님의 음성을 듣게 하는 것이다. 그들은 새 언약, 즉 하나님의 모든 자녀는 그들을 향한 하나님의 음성을 들을 수 있다는 지식에 의거하여 사역한다(히 8:11). 우리에게 내적 삶을 양육하도록 요청함으로써 그들은 우리가 작고 고요한 하나님의 음성을 듣고 우리 영혼의 미세한 움직임을 알아차리기 더 쉽게 된 상황을 제공한다.

영적 멘토들은 우리의 가슴이 하나님의 사랑의 속삭임을 깨닫도록 훈련시키며, "하나님께서 당신에게 무엇을 말씀하시는가?"라는 질문으로 우리를 끊임없이 도전시킨다. 매일 분주하고 필요에 응답해야하는 소란함 속에서 우리가 진정으로 경청하지 않는다면 생명을 주는 하나님의 음성을 듣지 못할 수도 있다.

3. 하나님의 현존

세 번째 가정은 하나님은 우리 삶 속에 항상 현존하여 일하고 계신다는 것이다. 은혜의 하나님은 항상 먼저 움직이고 주도적으로 우리에게 다가오신다. 우리의 책임은 그가 무엇을 하고 계시는

지 깨달아 신앙과 순종으로 응답하는 것이다. 우리는 모두 이것이 얼마나 어려울 수 있는지 알고 있다. 우리는 우리 자신의 일에 휩싸여 있고 현재의 순간에 붙잡히고 우리 자신에 너무 나 몰두해 있어서 하나님께서 언제 우리 주변에 계신지 깨닫지 못한다. 천사들의 찬양소리와 초자연적 별들이 밤하늘에 출현하였음에 불구하고 대부분의 베들레헴 사람들은 메시아의 탄생을 인지하지 못했다는 것은 항상 나를 놀라게 한다. 그들은 역사에서 가장 중요한 사건을 그냥 지나쳤다. 우리의 작은 걱정거리들에 집착하다가 우리가 놓치고 있는 하나님의 활동이 얼마나 많을까?

영적 멘토들은 하나님이 이 세상에 항상 현존하신다는 것을 우리가 인지하도록 초대하여 우리가 그의 발자국을 분별할 수 있도록 돕는다. 그들은 사도 바울이 인용한 "우리가 그를 힘입어 살며 기동하며 존재하느니라 너희 시인 중 어떤 사람들의 말과 같이 우리가 그의 소생이라 하니"(행 17:28)라고 말한 고대 시인에게 동의한다.

우리는 하나님으로 가득 찬 세계에서 살고 있다. 우리의 일은 그의 현존에 깨어 있는 것이며 그가 무엇을 하고 계신지 알아차리는 것이고 그의 활동에 따라 가는 것이다. 결과적으로 앤더슨과 리스(Anderson and Reese)가 지적하듯이 "멘토의 일은 만드는 것이 아니라 알아차리는 것이며 발명하는 것이 아니라 분별하는 것이다."[11]

---

[11] Anderson and Reese, *Spiritual Mentoring*, p. 50.

이러한 공동 분별력(co-discernment)은 멘토링 과정에서 반드시 필요하다. 하나님은 우리 삶의 상황에 임재하시며 그의 말씀은 이미 개인의 이야기들에 쓰여 있다. 영적 멘토는 하나의 객관적 입장을 제공함으로써 하나님께서 과거에 어떻게 일하셨고 현재에 어떻게 일하고 계시며 미래에는 어디로 인도하실 지를 우리가 깨달을 수 있게 한다. 모든 것에서 하나님을 찾아보고 일상에서도 그의 임재에 눈을 열 수 있도록 우리를 격려함으로써 그들은 하나님과의 친밀감을 더 의식하는 삶이 즐겁게도 가능하다는 것을 깨닫게 한다. 하나님께서 계시지 않는 곳은 없다. 볼 수 있는 눈이 있다면 모든 장소는 성스러운 곳이다.

데이비드 베너에 의하면 하나님의 임재에 대한 주의력과 그 경험은 영적 지도의 핵심이다. 그는 "영적 지도의 가장 주요한 목표는 하나님 임재 인식에 조율하도록 촉진하는 것(베너의 강조)이라고 묘사될 수 있다"[12]고 알맞게 말한다. 이에 비추어 보면 영적 멘토링이 왜 기도의 과정이나 "거룩한 경청"이라고 묘사될 수 있는지 알 수 있다. 멘토나 멘토리 모두 하나님의 음성을 들으려고 조율하여 성령이 말씀하고 있는 것을 "들을 수 있는 귀"를 가져야 한다.

이제 영적 멘토링의 배경을 살펴보자. 영적 멘토링은 그리스도인의 삶을 모험 즉 하나님과의 신나는 여정으로 본다. 그것은 내적 삶을 가치 있게 여기며 그 안에서 사는 것을 배우도록 우리를 초대한다. 그것은 우리 삶의 모든 부분에서 하나님의 현존을 깨달

---

[12] Benner, *Sacred Companions*, p. 108.

게 하며 그의 음성에 활기를 찾고 그의 활동에 응답하도록 우리를 훈련시킨다.

영적 멘토링이 제공할 수 있는 유익을 생각해 볼 때 그 여정에 동반자를 스스로 찾아나서는 사람들이 점점 증가하는 것이 놀랄 만한 일은 아니다. 어떤 사람들은 그들 안에 일어나는 하나님을 더 깊이 알기 원하는 마음에 이끌린다. 어떤 사람들은 혼란스럽고 당혹스러워서 그들에게 일어나고 있는 것에 대한 의미를 찾고 싶어서 온다. 다른 사람들은 탈진의 위험을 깨닫고 좀 더 균형 있게 살기 위해 도움이 필요하다고 느껴 하나님의 리듬 안에서 하나님을 더 효과적이고 효율적으로 섬기는 방법을 배우기 원한다.

하워드 베이커(Howard Baker)는 그의 모든 에너지와 자기 자신을 온전히 투자하여 청소년 사역에 적극적으로 참여하고 있었다. 그런데 어느 날 갑자기 내적 삶의 냉혹한 현실을 직시하게 되었다. 그는 그가 열심히 한 모든 일이 성과를 제대로 내지 못하자 스스로 실망스럽고 화가 나는 것을 알게 되었다.

하워드는 자신이 친밀한 관계를 두려워하며 섬김의 동기가 대부분 성공하고 인정받고 싶은 욕구였다는 것을 시인하기 시작했다. 그 고통스러운 인식은 그가 영적 열정을 잃어버렸으며 그리스도에 대한 진정한 헌신의 주요 경쟁상대인 기독교적 활동에 그의 영혼을 빼앗기고 있었다는 것을 눈 뜨게 했다.

애석하게도 하워드는 이러한 것들을 변화시키거나 혹은 내적 삶을 더 강건하게 하는 방법을 그가 모른다는 것을 느꼈다. 그는

"그리스도인이었고 그리스도인을 섬기는 내가 이제 점점 커져가는 내적 죽음에 직면했습니다"[13]라고 적었다.

자기 자신에게 정직하여 내적으로 느끼는 무감각에 직면하려는 베이커의 의지는 그로 하여금 영적 지도를 탐구하도록 인도했다. 그것은 그로 하여금 영혼 돌봄에 대한 고대의 방식들에 마음을 열게 했고 마침내 삶과 하나님에 대한 열정을 회복하게 했다.

하워드는 "나는 영적 지도자가 나의 영혼을 정직하게 살펴보게 하여 하나님의 현존 속으로 나를 인도하는 유익을 발견하였다. 나는 마치 하나님께서 내 삶에 펼치시는 길에서 하나님과 재결합되는 것을 느꼈다"고 고백했다.

베이커의 이야기와 간증은 여러 다른 사람들 사이에서 공감을 얻고 있다. 아마도 지금 여러분도 그가 한 것처럼 느낄 것이다.

그러면 그가 한 것처럼 영적 지도자를 찾아나서 보는 것은 어떤가?

당신을 안내하며 함께 여행에 동참해 줄 다른 사람이 있는데 왜 여행을 혼자하려고 하는가?

혹은 당신 스스로 도움을 받았다면 당신의 경험을 다른 사람을 돕는데 사용해보는 것은 어떤가?

---

[13] Howard Baker, *Soul Keeping*, NavPress, 1988, pp. 33-37.

제 3 장
옛 길: 성경과 기독교 역사 안에서 영적 멘토링

젊은이로서 이른 새벽부터 다른 사람들에 의해 높이 인정받으며 성실함으로 성전에서 그의 임무를 바삐 수행해온 사무엘에게는 긴 하루였다. 저녁이 오자 그는 자신의 일을 잘 마치고 누워서 쉴 준비를 하였다. 그는 하루의 일과로 매우 지쳐 있었기 때문에 거의 매일 밤 눕자마자 잠에 빠져들었다. 그러나 오늘 밤 그는 이상하게도 쉴 수 없었고 잠이 오지 않았다.

비몽사몽 간에 사무엘은 그가 어떤 음성을 들었다고 생각했다. 그는 그것이 나이 들어 이제 잘 잊어버리는 경향이 있는 엘리 제사장의 음성이라고 여겼다. 발꿈치를 들고 차가운 성전 바닥을 건너서 그 노인이 잠들어 있는 곳으로 가면서 사무엘은 "무슨 일인가?"라고 생각했다. 놀랍게도 그 노년의 제사장은 그가 사무엘을 부르지 않았다고 했고 사무엘은 자기 잠자리로 되돌아가서 다시 잠이 오기를 기다렸다.

그 때 사무엘은 두 번째로 그의 이름을 부르는 음성을 들었다. 분명히 그것은 그를 부르는 엘리의 음성이 틀림없었다! 그는 다시 두 번째로 일어나서 그 제사장에게 갔지만 결과는 똑같았다. 엘리가 그를 부른 것은 아니지만 누군가가 자기를 부른 것은 분명했다.

사무엘은 잠자리로 다시 돌아와서 잠을 청해보았지만 귀찮게도 그의 이름을 부르는 음성이 다시 들렸다. 이번에는 그것이 분명히 엘리 제사장일거라고 확신했다. 지체하지 않고 그는 세 번째로 엘리에게 다가가서 "나를 부르셨군요"라고 말하고 무엇을 하라고 말할지 떨면서 기다렸다. 엘리는 잠깐 아무 말 없이 있다가 일어나 앉아서 마치 뭔가 매우 중요한 것을 말하듯이 "가서 잠자리에 누워라 그리고 너를 부르는 음성이 들리거든 '주여 말씀하소서 당신의 종이 듣겠나이다'라고 말하라"고 했다.

사무엘상 3:1-9에 진술된 이 작은 사건은 영적 멘토링에 대한 고전적인 초기의 예이다. 멘토링은 최근에 유행하기 시작한 것도 아니고 최근에 개발된 것도 아니다. 그것은 오랜 역사를 가지고 있으며 우리가 요즘 알고 있는 것은 새로 개발된 것이 아니지만 몇몇 기독교 교단들에서 슬프게도 그동안 무시해온 고대의 영적 실천 방법의 재발견이다.

사무엘은 하나님을 성숙한 의미로 아직 알지 못했으며 스스로 하나님의 음성을 인식하는데 숙련되지 못했다(7절). 그는 그의 삶에서 하나님의 움직임을 인식할 수 있도록 신앙의 여정에서 좀 더 성숙한 누군가의 도움이 필요했다. 엘리는 그가 가진 모든 단점과 결점에도 불구하고 젊은 아이에게는 신앙의 면에서 아버지와 같은 존재였다. 그 역시도 조금 둔한 면이 없는 것은 아니었지만(그 당시에는 "하나님의 말씀이 계시되는 것이 매우 드물었다"[1절]는 것을 생각해 보라), 그는 소년을 부른 그 음성이 하나님의 음성임을 결국 깨달았다.

사무엘은 놀라운 지혜로 만일 하나님께서 정말로 부르신 것이라면 다시 또 부르실 것이라는 것을 알고 사무엘에게 가서 누워 쉬라고 했다. 그는 이름을 부르는 음성이 또 들리면 어떻게 응답할지를 조언해 주었다.

복음주의 경향의 사람들에게는 특별히 영적 멘토링이 성경에서 인정되고 묘사되고 있음을 재확인하는 것이 필요할 것이다. 사실 우리는 예를 들면 이드로와 모세, 모세와 여호수아, 엘리야와 엘리사와 같은 구약의 인물들 간의 상호작용에서 그 과정이 행해지고 있음을 볼 수 있다. 선지자와 제사장 직을 넘나드는 비범한 개인들에게 지도받으려 했던 다윗 왕의 예에서처럼 "선각자들"의 사역에서 그 초기의 유형을 볼 수 있다(삼상 9:8-10; 삼하 24:11). "그가 무식하고 미혹된 자를 능히 용납할 수 있는 것은 자기도 연약에 휩싸여 있음이라"(히 5:2)에서 기록된 바와 같이 엘리와 같이 연약한 대제사장의 사역 또한 어떤 면에서는 우리가 묘사하고 있는 영혼 돌봄의 사역으로 볼 수 있다.

복음서에서는 더 볼 것도 없이 영적 지도사의 예로 예수님을 들 수 있다. 정말로 예수님은 영적 지도의 유형과 이상적인 영적 멘토의 자질에 대한 묘사를 제공하는 전형적인 영적 지도자이다. 브루스 데머레스트(Bruce Demarest)는 "예수님이 나눈 거의 모든 대화와 그의 모든 가르침은 영적 지도의 제공이었다. 그는 지속적으로 사람들을 바른 신앙, 바른 관계 그리고 바른 행위로 인도하면서 앎, 존재 그리고 행위에 대한 주요 안건들에 초점을 맞추었다"[14]고 하였다.

예수님이 사마리아 여인에게 어떻게 말씀하셨는지(요 4:1-26)를 살펴보고, 간음하다가 붙잡힌 여인을 대하신 방식(요 8:1-11)을 숙고해 보거나, 젊은 부자 관원을 어떻게 다루셨는가를 주목해 보면 브루스의 평가가 정확했다고 결론을 내릴 수 있다.

예수님이 베드로와 하신 일을 더 자세히 살펴보면 계속되는 멘토링 관계의 유익이 그려지고 있다. 많은 사람들이 "다듬어지지 않은 다이아몬드"로 여긴 베드로를 제자로 부르신 처음 순간부터 예수님은 그 안에서 잠재성을 보았다.

예수님은 그의 이름을 시몬에서 "반석"이라는 의미의 베드로로 바꾸셨다(요 1:42). 여기에 모든 멘토들은 도움을 구하는 사람들과 "나는 너를 믿는다"는 소통이 있어야 한다는 분명한 메시지가 들어 있다. 예수님은 종종 베드로의 집을 방문했고 그들의 우정이 자라나 시간이 지나면서 점차 자연스럽게 발전되었다(막 1:29-30).

예수님은 예를 들어 가르치시고 예수님 자신을 더 잘 알려주면서 모든 제자들과 함께 그의 삶을 나누었다. 베드로는 예수님과 특별히 가까운 세 명(야고보와 요한을 포함하는)의 친근한 그룹의 한 명이었다. 예수님은 인내심을 가지고 베드로의 많은 질문에 대답

---

[14] Bruce Demarest, *Soul Guide*, NavPress, 2003, p. 15.

하고 확실하지 않은 것들을 설명하셨고 그의 실수나 오해를 부드럽게 정정해 주셨다.

예수님은 베드로의 신앙이 자랄 수 있는 기회를 제공하셨고 그가 배워서 얻은 교훈들을 보고 받으셨다(눅 5:1-11). 때때로 예수님은 베드로의 이해를 돕기 위하여 질문하곤 하셨으며(마 16:15-16) 그 안에 성장이 일어나고 있는 것을 보셨을 때 그에게 책임과 지도력을 주는 것을 꺼리지 않으셨다(마 16:17-18).

때로 예수님은 베드로의 타고난 열정을 제지해야만 했고(마 17:1-9; 요 18:10-11), 그의 단점에 대비하여 조심하라고 그에게 경고하고(마 26:33-35), 그의 실패를 용서하여 주었다(막 14:37-38). 그 과정 내내 예수님은 무조건적인 사랑을 보이시면서 이 전심어린 추종자에게 성실하게 전념하였다.

멘토로서 예수님의 능력은 아마도 베드로가 부인한 후 신앙을 다시 사랑으로 회복시키며 지혜롭게 그에게 그의 소명을 다시 알려주는 방식에서 가장 잘 보인다. 일련의 예리한 질문을 통해 예수님은 베드로가 과거를 다시 상기하여 그의 실수로부터 교훈을 얻게 했을 뿐만 아니라 하나님의 백성을 돌보도록 부름을 받은 그의 소명을 새로이 충족시키도록 도전하였다(요 21:15-19). 요한이 기록한 이 대화 전체는 영적 멘토링의 가장 좋고 놀라운 예이다.

예수님은 멘토가 된다는 말의 의미가 무엇인지 어떻게 해야 하는지에 대한 가장 훌륭한 예를 제공한다. 예수님은 사람들이 자신을 찾을 수 있도록 하고 개인의 독특함에 맞추어 다루면서 창조적인 대화를 한다. 그는 주의 깊게 경청하였으며 예리한 질문을 하셨고 그들의 영적 여정을 격려한다. 그는 하나님의 말씀을 그들의 삶에 잘 적용하고 성장에 장애가 되는 것을 찾아 제거하도록 도우며 그들의 실수와 실패에도 인내심으로 견딘다. 그는 처음부터 끝까지 그들에게 사랑으로 헌신한다.

복음서 이후에도 초대 교회 신자들은 서로 영혼 돌봄을 계속 실천하는 것을 볼 수 있다. 바울은 가말리엘 문하에서 현명한 사람들에게서 배우는데 익숙했다(사 22:3). 그는 그가 세운 교회들과 특별한 관계를 유지했으며 자기 자신을 신앙 안에서 그들의 "아버지"라 여겼는데 많은 그의 서신들은 전체 회중들에 대한 영적 멘토링의 예이다(편지쓰기 혹은 요즘은 이메일은 거리가 먼 곳에서 멘토링을 제공할 수 있는 좋은 방법이었다).

동시에 바울은 하나님의 교회와 하나님의 백성의 성장에 공헌할 "안내자" 혹은 "후견인"의 존재를 인식했다. 그는 그러한 사람들이 풍부하게("일만 명", 고전 4:15을 보라) 있을 것으로 기대한다. 복음서에서 종종 바리새인 같은 "눈 먼 안내자"에 대해서 읽는데, 바울은 스스로 안내자로서 자부하지만 삶이 그들의 소명과 일치하지 않는 사람들에 대해서 우리에게 경고한다(마 23:16; 롬 2:17-21).

그럼에도 불구하고 진정한 멘토에 대한 필요성은 있다. 바울이 고린도전서 4:15에서 사용하는 단어는 훈련 교관이나 교수를 의미하는 교육자(paidagogos)라는 단어이다. 현재 사회에서 교육자(paidagogos)는 어린 소년들을 훈련시켜 그들이 남자답고 성숙해 지도록 지도하는 책임을 위탁받았다. 성령이 하나님의 백성의 주요한 멘토이지만(요 16:13), 이디오피아 사람이 빌립을 만났을 때 발견했던 것처럼(행 8:30-31), 우리는 모두 우리 옆에 와서 영적으로 진보를 이루도록 우리를 도와 줄 다른 사람이 필요하다.

바울의 목회철학은 다른 사람을 멘토하는 원리를 중심으로 안전하게 세워졌다. 그는 디모데에게 다음과 같이 권면한다.

> 내 아들아 그러므로 너는 그리스도 예수 안에 있는 은혜 가운데서 강하고 또 네가 많은 증인 앞에서 내게 들은 바를 충성된 사람들에게 부탁하라 그들이 또 다른 사람들을 가르칠 수 있으리라(딤후 2:1-2).

바울은 특히 남녀를 무론하고 그가 보기에 잠재성이 있고 신앙 안에서 그가 양육한 사람들이 디모데의 주변에 모이게 하는 데 은사가 있었다. 그는 분명히 디모데를 아주 특별하게 여겼다. 그의 선교여행 중에 젊은 디모데를 만났지만 그는 그를 여행 동반자로 기쁘게 데리고 갔으며 그의 영적 성장에 시간과 에너지를 투자했다. 디모데는 사도들을 위하여 많은 "심부름"을 했고 에베소 교회를 이끌기 위해 정착하기 전에 지중해 지역에 새로 세워진 많은 교회들을 방문했다.

바울이 디모데에게 쓴 두 개의 사도서신은 이 젊은 지도자에게 정말로 영적 상담이다. 그 서신은 언제 어디에 있든지 교회 지도자로 있는 사람들에게 매우 귀중한 영적 지혜의 원천으로 남아 있다. 바울은 자신의 디모데를 향한 신실한 사랑을 상기시키며 기도로 지지한다는 것을 확인시키는 한편 두려워하지 말고 성령의 힘에 의지하라고 권면한다(딤후 1:1-7).

디모데의 성격을 알기에 바울은 그에게 강하고 소명을 기억하며 하나님께서 그에게 하신 말씀에 의지하고 영적 싸움에서 물러

서지 말 것을 촉구한다(딤전 1:18; 6:12; 딤후 2:1-2). 그가 젊다는 것을 인식하며 그의 나이 때문에 열등감을 느끼지 않아야 하지만(딤전 4:12) 그로 인해 오는 특정한 유혹을 피해야 하고(딤후 2:22) 동시에 다른 사람들에게 긍정적으로 모범을 보여야 한다. 그가 육체적으로 약함을 염두에 두고 그에게 자기 자신과 건강을 돌보아야 한다(딤전 4:8; 5:23).

바울은 디모데에게 그가 하는 모든 것에서 탁월하되(딤전 6:11; 딤후 2:15) 특별히 설교하고 가르치는 은사를 발전시키는데(딤전 4:13-14; 딤후 3:14-17; 4:2) 그리하라고 격려한다. 반대세력과 고난도 있을 것이므로 디모데는 복음을 지키고 모든 상황에서 안정된 상태를 유지해야 한다(딤전 6:20; 딤후 4:5).

편지가 거의 대화를 담고 있지 않지만 바울의 따스함과 사도로서 자신의 외로움과 사역에 있는 실망감 같은 개인적 약함에 대한 표현이 흐른다(딤후 4:6-18). 그는 이 멘토링 관계가 서로에게 축복이 되기 때문에 디모데를 다시 만나기를 간절히 원한다(딤후 4:9, 21). 마지막으로 디모데는 영적 성찰 작업을 하도록 요구받는데 그것을 통해 충분한 유익을 얻을 수 있기 때문이다(딤후 2:7).

영적 멘토링 사역에 대한 선례와 격려가 성경에 많이 있다. 교회 역사에서도 이것을 실천한 예들이 많다. 물론 종종 다른 용어가 사용되기도 하고 늘 우리가 정의한 것과 같이 명백한 것은 아니지만 그것은 하나님의 백성들의 역사를 관통하는 은실(silver thread)과 같다.

영적 전쟁을 하고 더 내적으로 하나님을 추구하기 위하여 거칠고 외로운 장소로 나간 사막의 교부들에게서 먼저 그것을 살펴보자.

이집트의 안토니(Anthony of Egypt)와 존 카시안(John Cassian) 같은 사람들은 그들의 현명한 말과 조언을 가치 있게 여기는 여러 영적 추종자들을 끌어들였다. 수도원 공동체의 출현으로 베네딕트와 같은 대수도원장은 생활 규칙을 세움으로 성직자들에게 영적 지도를 제공한 반면 15-16세기 셀틱 기독교인들은 "영혼의 친구"(anam cara-게일어[켈트어에 속하는 고대 아일랜드의 언어-역자주])를 찾으라고 격려했다. 킬데어의 브리지드(Brigid of Kildare)는 "영혼의 친구가 없는 사람은 머리 없는 몸과 같다"라고 유명한 말을 했다.

중세 시대로 들어서서 수백 통의 영적 지도 편지를 쓴 클레르보의 버나드(Bernard fo Clairvaux)를 찾을 수 있고 리보의 에일레드(Aelred of Rievaulx)는 영적 우정에 대한 그의 저서에 다음과 같은 아름다운 글을 써 놓았다.

> 여기 당신과 내가 있다. 그리고 우리 가운데 계시는 제3의 인물 그리스도를 소망한다 … 사랑하는 자들아 지금 와서 마음을 열고 무엇이든지 이 친절한 귀에 쏟아 붓고 이 장소와 시간과 여가의 유익을 정중하게 받아들이게 하라.[15]

종교개혁 시기 동안 마틴 루터(Martin Luther)는 『영적 상담 편지』(*Letters of Spiritual Counsel*)를 출판하였고, 종종 "영혼의 지도자"라고 묘사되는 존 칼빈(John Calvin)도 그가 지도하는 사람들의 영적 필요를 돌보기 위하여 많은 편지를 썼다. 비슷한 시기에 반종교개

---

[15] Aelred of Rievaulx, Anderson and Reese, *Spiritual Mentoring*, p. 86에서 인용.

혁이라고 알려진 시기에 로마 가톨릭 교회 안에서 깊은 영성의 꽃이 만발한다. 로욜라의 이그나시우스(Ignatius of Loyola)는 아마도 현대 리트리트 운동의 창시자일 것이며 그의 유명한 『영적 연습』(Spiritual Exercises)은 오늘날 그러한 시간을 인도하는 많은 사람들에게 기초가 되고 있다.

같은 시기에 아빌라의 테레사(Teresa of Avila)를 또한 만나는데, 그녀의 저서 『영혼의 성』(Interior Castle)은 영적 삶의 성장 단계를 세밀히 나타낸 초기 글 중의 하나이다. 그녀와 동시대에 살았던 십자가의 요한(John of the Cross, CLC 刊)은 신비적 시를 통하여 하나님이 우리를 버리신 것 같은 때가 사실은 우리를 그에게 더 가까이 이끄시는 것이라는 경험인 "영혼의 어두운 밤"(the dark night of the soul)이라 불리는 것에 대한 이해를 발전시켰다. 그의 글은 어둠 속에서 평화를 찾기 원하는 많은 사람들을 이끌어 주었다.

리차드 시베스(Richard Sibbes)와 토마스 굿윈(Thomas Goodwin)과 같은 17세기 청교도 설교자나 목회자들도 영적 성장에 관하여 관심을 가졌다. 『천로역정』(The Pilgrim's Progress)이라는 유명한 책을 쓴 존 번연(John Bunyan)은 그리스도인의 여정을 매우 놀랍게 묘사한다. 리차드 박스터(Richard Baxter)는 『참된 목자』(The Reformed Pastor)와 『성도의 영원한 안식』(The Saint's Everlasting Rest)이라는 영향력 있는 두 권의 책을 저술하였는데, 두 권의 책 모두 영혼의 성장과 돌봄을 묘사하면서 시작한다.

18세기에는 요한 웨슬리(John Wesley)는 그의 목회기간 동안 영국에서 일어난 영적 부흥 때 회심한 사람들을 양육하는 교육체계를 소개했다. 그 교육체계는 개인들로 하여금 정규적으로 만나서 하나님 안에서 성장한 것을 나눔으로 개인적으로 거룩성을 더 추구하게 하는 것이기에 본질적으로 그룹 영적 지도 훈련이었다.

최근에는 무엇보다도 저서로 영적 상담의 전통을 격려하는 하나님의 사람들이 있다. 남아프리카공화국 목회자 안드류 메레이(Andrew Murray)는『그리스도 안에 거하라』(Abide in Christ)와『참 포도나무』(The True Vine)와 같은 책과 더 깊은 내적 삶에로의 그의 요청으로 많은 이들에게 영향을 미쳤다.

C.S. 루이스(C.S. Lewis)는 그의 편지와 현명한 조언으로 많은 사람들에게 멘토였을 뿐만 아니라 그의 정규 라디오 방송과 전 세계에 계속 판매되는 그의 여러 저서들을 통해서 전 국민들에게도 멘토였다. 토마스 머튼(Thomas Merton)은 세상을 떠난 지 40년 동안 그의 저서들을 통해 계속 폭넓은 영향력을 미치고 있다.

로마 가톨릭 신부인 헨리 나우웬(Henri Nouwen)도 두루 읽혀지고 있는 많은 저서를 썼다. 개신교도 중에서는 A.W. 토저(A.W. Tozer)와 같은 저자는 밝게 타고 있는 참된 영성의 불길을 유지했고, 더 최근에는 리차드 포스터(Richard Foster), 조이스 휴겟(Joyce Huggett)과 달라스 윌라드(Dallas Willard)는 복음주의자들에게 특히 영적 지도에서 영혼 양육의 유익과 영적 훈련의 가치를 상기시켰다.

영적 멘토링이 늘 있어왔다는 것은 확실하며 그것을 의심할 필요가 없다 달라스 윌라드는 이것을 간단명료하게 다음과 같이 요약한다.

> 영적 지도는 예수님에 의해 이해되었으며 바울에 의해 가르쳐졌고 초대 교회에 의해 순종되었고 중세 교회에 의해

지나치게 추종되었고 개혁가들에 의해 편협해졌고 청교도들에 의해 회복되었고 현대 교회에서 거의 실종되었다.[16]

우리가 지금 보는 것은 이 전체 영역에 대한 놀라운 관심의 회복인데 그것은 하나님의 역사일 수밖에 없다. 교회가 대부분의 옛 방법들 중의 하나에 되돌아가야 한다고 부르는 분은 진정한 영적 안내자이신 성령이시다.

---

[16] Bruce Demarest, *Soul Guide*, p. 49에서 인용됨.

제 4 장
여행 동반자: 영적 친구

나는 내 일로 인해 여행을 많이 한다. 대부분 나 혼자 하는데 그것을 꺼리지 않는 이유는 생각하고 성찰할 시간과 장소를 주기 때문이다. 그러나 만일 비행기 여행으로 낯선 나라를 방문하는 긴 여행을 한다면 나는 분명히 여행 동반자와 함께 가는 것을 선호할 것이다. 함께 이야기 하면서 시간을 보낼 수 있는, 여행이 지연되거나 발이 묶이거나 두려운 순간에 함께 있어 줄 수 있는, 여행의 재미와 모험을 나눌 수 있는 누군가와 함께 말이다. 누구와 함께 나누는 여행에는 그것을 더 쉬워질 수 있게 하는 무언가 분명히 있다.

"영적 지도"라는 용어가 어렵게 느껴지는 사람들은 종종 그것을 "동행"이라는 용어로 대치하는데 그것은 여행의 동반자로서 영적 여정을 함께 나눈다는 생각을 받아들이게 하기 때문이다. 종종 사용되는 또 다른 용어는 "영적 우정"인데, 이 또한 친숙하지 않아 보이는 용어를 부드럽게 하고 우정이 모든 멘토링 관계의 중심에 있다는 것을 상기시킨다. 영적 친구들은 우리의 영적 여정에서 우리와 동행하며 필요시 우리 옆에 있어 주며 곁길로 빠지지 않도록 도와주며 우리의 여정이 더 쉽고 덜 외롭게 해준다. 이러한 의미로 "영적 멘토"와 "영적 친구"는 매우 유사하며 상호교환하여 사용될 수 있다.

우리 대부분은 친구와 지인과 동료 그리고 연락하며 알고 지내는 사람 등의 관계망을 가지고 있지만 사실은 우리는 아마도 깊은 관계는 많이 가지고 있지 않다. 의미 있는 관계를 발전시키는 데는 많은 시간이 걸리며 여러 해에 걸쳐 그 관계를 유지하는 기품이 필요하다. 다른 사람과 자신의 깊은 존재를 정직하게 개방할 수 있는 사람을 찾을 수 있는 사람들은 행복한 사람들이다!

성경에는 "영혼의 친구들"로 묘사할 만한 훌륭한 친구들의 예가 가득하다. 그 한 예가 다윗과 요나단이 서로 나눈 형제애이다(삼상 18:1-4). 다윗을 미워하는 사울 왕 앞에서 그들의 관계를 유지하기 어려웠음에도 불구하고 그들은 정말로 마음이 맞았고 맹세를 통해 서로에게 충실했다. 그들을 모두 지탱하고 격려한 것은 그들의 우정이었다.

룻과 나오미의 관계도 있다(룻 1-4장). 그들은 많은 역경에도 불구하고 상부상조하였으며 그들의 상황이 매우 암담했을 때 계속 하나님을 신뢰하도록 서로 격려하였다. 그 관계는 한 사람이 약할 때 다른 사람이 강하며 때로 반대였기 때문에 상호호혜적 관계였다.

마리아와 그녀의 사촌 언니 엘리사벳도 생각해 보라(눅 1:39-45). 마리아가 그녀에게 일어날 모든 현실을 깨닫게 되었을 때 믿을 수 있으며 이해해 줄 누군가와 속히 이야기를 나눌 수 있기를 원했다. 그녀는 엘리사벳의 집으로 서둘러갔다. 왜냐하면 그녀는 거기에서 환영받고 수용되며 경청되며 훌륭한 조언을 얻을 것을 알았기 때문이다.

그리고 바나바가 좋은 친구가 되어 바울을 그의 날개 아래 품지 않고 포기했을 수도 있었을 때 그를 찾으러 가지 않았으면 사도 바울이 어디에 있게 되었을까?(행 9:27; 11:25-26)

새 신자에게 시간을 투자하고 다른 사람들이 그를 의심할 때 믿어주고 신앙으로 성장하도록 그를 돕고 제자의 은사가 역량을 발휘하자 겸손히 물러난 바나바는 얼마나 놀라운 영적 친구의 예인가?

영적 우정은 두 개의 다른 차원으로 사용될 수 있다. 친구들 간에 아마도 같은 교회 교인들 간에 혹은 같은 사역 팀 동료들 간에 혹은 그냥 서로 가까이 사는 사람들 간에 비형식적 관계로 사용될 수 있다. 그들은 우선적으로 동료관계 안에서 서로에 대한 사랑과 존중으로 맺어진다. 그들은 동등한 위치에 있고 상호의존도가 높으며 상호협조하는 관계에 있다. 그들은 자주 만나고 친목을 위해서도 만날 가능성이 크다. 명백성을 위해 이 수준의 영적 돌봄은 "영혼의 친구"로 묘사할 수 있다.

영적 우정은 또한 전문성이 필요로 할 때 좀 더 형식적 수준으로 사용될 수 있다. 한 사람이 영적 여정의 길에서 훨씬 진보된 사람에게 이끌리어 그들에게 배우기를 소망하는 것일 수 있다. 그들이 하나님과 동행하고 싶은 어떤 것을 영적으로 진보된 사람 안에서 보기 때문이다. 혹은 그들이 그저 그들의 상황 밖에 있어 객관적 관점을 제공할 수 있는 사람으로부터 안내 받을 필요를 느끼기 때문일 수 있다.

이러한 종류의 관계는 우호적이지만 친목의 차원은 아니다. 그것은 한 사람이 다른 사람이 필요로 하는 객관적 관점과 전문성을 제공해야 하기 때문에 상호협조에 기반을 두지 않는다. 두 사람 사이에 물리적 거리가 멀 수도 있기에 만남의 횟수는 적지만 좀 더 계획적이고 목적을 가진다. 넓은 의미로 이것을 "영적 멘토링"이라고 부를 수 있다.

이와 같은 약간의 구분을 염두에 두고 영적 우정이 무엇인가를 살펴보자. 어떤 차원의 것을 선택하든지 상관없이 영적 우정은 네 가지 요소를 가지고 있다. 영적 친구(혹은 멘토)는 안전한 장소를 제공하고 경청하는 귀를 빌려주며 현명한 조언을 제공하고 지속적으로 지지한다.

1. 안전한 장소를 제공하는 영적 친구(멘토)

"환대"라는 단어는 종종 이 상황에서 사용된다. 그것은 음식과 음료를 제공하는 것이 아니라(종종 커피를 제공하기도 한다!), 사람들이 편안하고 긴장을 풀 수 있도록 우리 삶의 공간을 제공하는 것을 의미한다. 대부분의 사람들에게 시간은 늘 부족하기 때문에 질적 시간을 함께하는 것은 정말로 감사할 만한 것이다. 그것은 멘토리 자신이 가치 있고 존중을 받는 존재임을 느끼게 한다.

멘토링 관계는 신뢰를 기초로 한다는 것을 이미 살펴보았다. 멘토리는 그들이 나누는 것이 조롱, 충격, 판단 혹은 비평 없이 진지하게 받아들여질 안전한 장소임을 느껴야 한다. 그들은 다른 사람들에게 그들이 나눈 이야기가 전달되지 않을 것임을 알 필요가 있다. 비밀보장은 신뢰를 세우는 데 필수적이다. 신뢰는 만들기 어렵지만 잃기는 쉽다. 이미 형성된 관계라면 신뢰가 있을 수 있지만 그렇지 않다면 신뢰는 오랜 기간이 걸려야 세워질 수 있다. 신뢰 형성은 서둘러서는 안 되며 획득되어야 한다.

브라이언 휴즈(Bryn Hughes)는 신뢰할 수 있는 것은 일관성, 도덕성, 지지, 신뢰성 그리고 자신감과 같은 어떤 개인의 특성에 기초한다고 말한다. 그는 또한 멘토링 관계에서 신뢰가 얼마나 중요한지를 적고 있다.

> 그것은 결혼관계, 가족관계 그리고 교회에서의 관계 등 모든 차원의 인간관계의 산소이므로 다른 사람을 제자 삼으려 찾는 사람은 신뢰를 획득하고 이해하는 것이 매우 중요하다.[17]

우리가 제공하고자 하는 안전한 장소는 은혜의 장소이다. 사람들이 우리를 신뢰할 수 있다고 인식하면 그들은 마음을 열고 진실한 이야기를 꺼내기 시작할 것이다. 이것은 엄청난 특권이며 그들이 자신을 드러내는 위험을 감수할 때 우리는 은혜로 응답하며 그들을 만나야 한다. 이것은 그들의 여정이 어떤 단계에 있든지 그들 존재 그대로 그들을 받아들인다는 의미이다.

---

17   Bryn Hughes, *Discipling, Coaching, Mentoring*, Kingsway, 2003, p. 79.

사람들이 진정한 자기에 직면하고 은혜를 만날 때만 하나님의 자녀로서의 정체감을 발견할 수 있다. 일반적으로 말하면, 사람들은 여러 층으로 된 자신을 차츰 열어 보인다. 각 층의 방어기제를 하나씩 벗겨내게 되면서 사람들은 더 자유를 느끼고 더욱 약한 모습을 기꺼이 보이고자 한다.

데이비드 베너는 은혜의 상황을 만드는 것의 중요성을 다음과 같이 설명한다.

> 내가 할 수 있는 가장 중요한 것은 다른 사람이 그리스도의 은혜로운 임재를 경험하도록 돕는 것이다. 만일 내가 그 만남을 가치 있게 한다면, 그것은 신의 은총을 만나도록 중재하는 것이다.[18]

2. 경청하는 귀를 빌려주는 영적 친구(멘토)

내가 인도하는 리트리트에서 개인의 이야기를 들어 주는 기회를 제공할 때마다 그 자리는 곧바로 다 차버린다. 그것은 큰 목마름을 우리가 진실로 경청해야 하며 많은 사람들의 가슴에 있는 아픔을 깊은 차원에서 나눌 수 있어야한다는 것을 보여준다. 나는 비록 반시간이지만 사람들이 드러내는 것에 계속 놀라고 겸손해진다.

---

[18] Bener, *Sacred Companions*, p. 57.

나는 내가 훌륭한 경청자라고 생각했었다. 내가 돌봄 사역을 하고 있었고 사람들이 내게 자신들의 이야기를 나눌 때 그것을 즐거워했기 때문에 내가 잘 들을 수 있다고 생각했다. 경청 기술을 배우는 과정에 참가했을 때 나는 다른 사람의 말을 들으면서 내가 말할 기회를 기다리고 있거나 그 사람에 앞서서 달려가고 있고 그들이 말하는 것에 대해 추측하고 있다는 것을 깨달았다.

나는 듣는 것은 정말로 하나의 기술이며 우리 대부분이 소유하지 못한 기술이고 훌륭한 경청자가 되기 위해서는 노력과 훈련이 요구된다는 것을 배워야 했다! 이제 나의 경청 능력이 증진되었기를 소망하지만 그것을 당연한 것으로 하고 소홀히 여겨서는 안 된다.

영적 우정은 대화 그 자체가 아니라 우리 존재의 가장 깊숙한 곳을 나누는 진정한 대화의 가능성을 연다. 그 자체 안에 치유와 해방이 있다. 경청하는 귀를 빌려줄 때 우리는 사람들이 그들의 갈망과 욕구, 소망과 꿈, 두려움과 불안정을 만나는 기회를 제공하고 있는 것이다. 우리가 그들을 경청할 때 우리도 하나님을 경청하고 있는 것이다.

왜냐하면 우리가 찾고 있는 것은 우리의 일상 가운데서 하나님의 음성을 듣고 깨달으려는 것이기 때문이다. 우리는 사람들이 이야기하고 나누도록 초대하여 그들의 삶에 그 순간에 무슨 일이 일어나고 있는지를 탐구하고 발견하며 분별하기 위해 함께 작업한다.

주의 깊게 혹은 적극적으로 경청하는 것은 실제로 집중이 요구되며, 다른 사람과 진정으로 함께 한다는 것은 다른 사람에게 집중하기 위하여 잠시 우리 자신에게는 부재하는 것을 요청한다. 들을 때 명확성을 위하여 가끔씩 질문하거나 말하는 사람이 생각하는데 집중하도록 도울 필요가 있다.

말의 더 깊은 의미를 찾아내려고 들으면서 나누고 있는 이야기 안에서 드러나는 유형을 듣는다. 우리는 행간을 읽도록 배우는데 그것은 들은 것뿐만 아니라 더 중요하게는 듣지 않은 것을 주목하기 위함이다.

우리는 사람들의 몸 언어가 무엇을 말하고 있는지를 또한 주목한다. 약간 긴장하는지, 고통의 표정인지, 수치심이나 죄책감의 의미인지를 주목한다. 항상 하나님의 음성을 경청하며 성령이 우리에게 지혜와 통찰을 주시기를 기도한다.

우리는 그가 넌지시 말씀하시고 촉구하시는 것을 찾아보려고 그의 계시의 말씀을 경청한다. 우리는 사람들이 말하다가 잠시 멈추고 있을 때 하나님께서 그들을 안내하고 그들이 말할 때 하나님께서 그들과 함께 하시기를 위하여 기도한다.

3. 현명한 조언을 제공하는 영적 친구(멘토)

우리의 역할이 상황을 "고치는" 것이나 사람들의 문제에 대한 해결책을 생각해내는 것이 아니라는 것을 기억하는 것이 중요하다. 이것은 큰 위안이며, 우리 역할에서 긴장을 늦추어도 된다는 의미이다.

정말로 우리가 할 수 있는 것 중 최선의 것은 때로 아무것도 하지 않고 다른 사람을 위해 그냥 거기에 있어주는 것이다. 우리가 함께 있어주는 그 자체로 하나님의 확실한 사랑을 소통하는 것이다. 그러나 우리는 나누어진 것에 응답하기를 또한 기대하며 알맞은 때에 우리 자신의 생각을 대화 안으로 가져올 수 있다.

때때로 이것은 몇 가지 제안을 하거나 그 사람이 다시 생각해 볼 수 있도록 대안을 내는 것을 의미한다. 그들이 어떤 상황에 묶여 있을 때 더 큰 그림을 항상 볼 수 있는 것은 아니기 때문에 이것은 도움이 될 수 있다. 종종 내 경험에 의하면 그것은 그 사람이 이미 생각해온 것을 확인해주는 것을 의미할 수도 있다. 이와 같은 외적 확증은 예를 들어 안내를 하는 문제에 있어서는 매우 중요할 수 있다. 가끔씩 어떤 면에서 그들이 잘못 생각하고 있는 것으로 나타날 때 한 사람의 생각을 부드럽게 도전 하는 것이 바르다고 느낄 수 있다.

예를 들어 우리는 모두 하나님에 대하여 적절하지 못한 생각을 가지고 있으며 바르지 못한 생각은 때로 그리스도인의 삶에 심각한 왜곡을 낳을 수 있다. 나는 나의 영적 멘토에게 정말 감사한다. 그는 가끔 내게 "토니, 당신이 지금 한 말이 실제로 사실이라고 생각합니까?"라고 말한다. 그것은 나에게 조금 충격을 주지만 그것은 내가 오랫동안 가지고 있었던 부정확히고 손상된 하나님 개념을 다시 생각해 보게 했다.

때로 자신의 죄나 죄성을 의식하지 못하게 된 사람들을 용서해야 할 필요가 있을 때가 있다. 이것은 하나님께서 우리에게 더 큰 복을 주시려고 준비하고 있을 때 하나님께서 종종 우리의 삶에서 하고 계신 일의 일부분이다. 하나님의 용서를 확증하는 특권은 성령이 우리에게 주시는 하나의 권위이며(요 20:21-23), 때로 우리가 진정으로 자유로워지려면 용서의 말을 우리가 인식하는 음성으로 들어야 할 필요가 있다.

이따금씩 하나님의 영이 그들의 삶에 무엇을 하고 계신지에 그들이 응답할 때 우리는 특별히 그 사람을 위하여 손을 얹고 기도하라는 촉구를 느낀다. 그 과정 내내 우리는 하나님께서 하시는 일을 따르며 성령이 지도자가 되기를 허락한다. 우리는 결코 통제하거나 조종하거나 괴롭히거나 속이기를 원치 않는다. 우리는 늘 그 사람의 의식의 자유와 스스로 하나님을 들을 수 있는 능력을 존중한다. 우리는 결코 응답을 요구하지 않고 단지 응답에로 초대한다.

4. 지속적으로 지지하는 영적 멘토

내 생애의 몇 가지 중요한 결정은 멘토링 관계 상황에서 이루어졌다. 멘토로서 우리는 또한 사람들이 하나님께 온전히 마음을 열고 기쁘게 순복하는 것을 보는 특권을 가진다. 멘토링의 목표 중의 하나는 개인이 삶에서 하나님의 뜻을 발견하고 순종으로 응답하도록 돕는 것임을 기억하라. 우리는 사람들이 하나님의 계획과 목적 안에서 그들의 고유한 위치를 찾도록 돕기 원한다. 이러한 응답이 있을 때 그들을 위하여 우리가 기꺼이 거기 계속 함께 있어 줄 것임을 보여주는 것이 중요하다. 말할 것도 없이 우리의 지속적인 지지를 보여주는 최선의 방법 중의 하나는 규칙적으로 그 사람을 위하여 기도에 전념하는 것이다. 우리는 또한 전화나 편지나 이메일로 그들과 계속 연락할 수 있으며 공식적 멘토링 시간 외에도 시간을 내줄 수 있다.

모든 멘토링 관계는 "경계선"이 필요하다. 그 중 하나는 멘토링 관계가 언제 시작되는지 뿐만 아니라 얼마나 오래 걸릴 것인지도 결정하는 것이다. 우리는 여정 중의 다른 시기에 다른 멘토를 필요로 하기 때문에 이것이 꼭 부정적인 것은 아니다. 멘토링 관계가 동의된 기간 동안 안전하다는 것을 아는 것은 실제로 멘토링에 힘과 안정감을 준다. 특별히 더 많은 시간을 필요로 하는 문제를 가지고 작업해야 할 때 혹은 큰 결정을 막 내려야 할 때 더욱 그러하다.

다음 장에는 멘토링 상황에서 무슨 일이 일어나는 지에 대하여 묘사한다. 친구로서 만나는 시간이 있고 나서 우리 가슴에 무엇이 있는지 개인적으로 의미 있게 나누는 기회가 있다. 그 다음에는 하나님께서 말씀하시는 것을 듣고 분별하는 시기가 온다. 그리고 마지막으로 우리가 함께 무언가를 이끌어 내서 하나님께서 우리에게 말씀하신 것이라고 느끼는 것에 응답하게 된다.

모든 멘토는 각각 다르기 때문에 멘토로서 자기 고유의 멘토링 유형과 작업 방식을 개발하게 될 것이다. 하나의 멘토링 과정은 다른 멘토링 과정과 결코 같아 보이지 않을 것이다.

제 5 장
믿을 수 있는 안내자:
멘토의 자질과 기술과 도구

나는 십대 시절 요크셔 탄광촌에 있는 작은 감리교 교회에서 회심을 경험했다. 나의 가정은 기독교 가정이 아니었지만 주일학교에 다니게 되었고 영국 국교회에서 세운 초등학교에 다녔으며 내 가슴 속에서 항상 하나님을 의식하고 있었다. 14살 때 신학교에 다니는 학생들이 방문했을 때 처음으로 복음을 들었다. 내 뺨에 눈물이 흘러내렸고 나는 그리스도를 나의 구주로 영접하라는 그들의 초대에 응하였다. 그것은 심오하고 일생을 변화시키는 만남이었다.

그 신학생들이 가고 난 후에 그 흥분이 사라져 버릴 수 있다는 위험이 있었고 나는 영적으로 말하여 갓길로 빠질 수도 있었다. 운이 좋게도 여러 사람들이 알맞은 때에 나의 가는 길에서 나를 돕기 위하여 내 삶 속으로 다가왔다. 이들 중 아무도(다음에서 언급하는 이름들은 그들의 이름을 변경한 것이다) 공식적인 의미로 내게 멘토링을 제공한 것은 아니지만 그들이 나를 그들의 날개 밑에 두었기 때문에 나는 믿는 자로서 서게 될 수 있었고 영적으로 자라기 시작할 수 있었다.

봅(Bob)은 그 첫 번째 사람이다.

봅은 내가 참석한 교회의 젊은 세대 그룹의 지도자였는데, 내가 회심한 후 바로 그는 여름 방학동안 기독교 수련장소에서 그와 함께 일하도록 나를 초대하였다. 그것은 내가 처음으로 집을 떠난 일이며 6주는 긴 시간이었지만 나는 매순간 즐거웠다.

봅은 소풍과 손님들을 위한 활동을 내가 함께 계획하고 기도를 인도하게 함으로써 내가 처음으로 책임감과 지도력의 맛을 느끼게 해 주었다. 그것은 또한 나의 첫 번째 연설이었지만 봅은 격려하고 조언을 주려고 거기에 항상 함께 있어 주었다. 무엇보다도 우리는 방을 같이 사용하면서 정말로 즐거웠고, 종종 우스운 말이나 행동들에 웃으며 방바닥을 구르기도 했다.

나는 봅에게서 기독교는 즐길 수 있는 것이며 모험 가득한 것이며 도전적인 것임을 배웠다. 그러한 두 번째 여름 말미에 나는 하나님께서 나를 전임 사역으로 부르신다는 것을 알았다.

브라이언(Brian)은 그 무렵에 등장했다.

브라이언은 내가 다닌 학교의 선생님이며 신앙심이 강했으며 외부 활동을 좋아했다. 그는 우리를 캠핑 장소로 데리고 다녔고 주일 저녁에 그의 집에서 성경공부를 행하였다. 20여 명의 우리는 그의 거실에 모여서 한 시간여의 성경공부를 즐겼다. 재미있는 일들이 많았고 때로 짓궂은 행동들도 있었지만(우리가 그의 새 의자의 팔걸이를 부러뜨린 것을 기억한다), 이 모든 것들은 복음을 명백히 설명하였고 제자가 된다는 의미가 어떤 것인지를 강화했다.

나는 브라이언으로부터 성경에 대한 나의 사랑을 얻게 되었고 성경의 가르침과 그리스도에 대한 강한 헌신의 중요성 또한 그로부터 배웠다. 내가 신학교에 가기로 결정했을 때 그리고 그리스어를 미리 배우려고 할 때도 브라이언이 나를 도와주었다.

이 두 사람과 함께 필(Phil)도 있었다.

필은 젊은이로 구성된 그룹을 데리고 그 지역의 교회로 다니며 설교하고 예배를 인도하였다. 우리는 돌아가면서 예배의 순서를 담당하였고, 필의 관심 아래 우리는 실제로 나가서 하기 전에 개인적으로 세밀하게 연습하였다. 그는 우리에게 피드백을 주었고 우리의 은사를 사용하도록 격려하곤 하였다.

내가 설교를 시작하게 한 것도 필이었는데 나는 그가 내게 준 기회들로 인해 그에게 항상 감사할 것이다. 나는 아직 그때에 기록한 것들을 가지고 있는데 내가 확신에 차서 말한 것들로 인해 창피함을 느끼지만 그것이 필을 실망시키지는 않은 듯 했다.

나중에는 마이크(Mike)가 내 삶에 지대한 영향을 미쳤다. 그는 예언적 목회를 했고 성령에 이끌린 삶에 대하여 가르쳐 주었는데 그것은 혁신적이었다. 그는 성경 묵상과 기도를 소중히 여겼고 아마도 내가 내적 삶과 하나님과 함께 동행 하는 삶의 중요성에 대하여 더 배운 것은 그에게서 라고 생각한다.

마이크는 종종 직접적으로 "그리고 하나님께서 오늘 당신에게 무엇을 말씀하셨나요, 토니?"라고 질문하곤 했는데 그것은 내가 열심을 내게 했다. 나의 아내와 내가 해외에서 사역할 때 나는 마이크와 연락을 계속 취하여 조언을 얻기 위해 그에게 편지를 쓰곤 했다(이메일이 그때 있었다면 얼마나 좋았을까!).

영국에서 교회 지도자로 있을 때 그에게 감독을 해달라고 한 것은 자연스러운 일이었다. 그는 다루기 어려운 상황에서도 우리와 함께 해 주었고 종종 개인적 희생을 하면서도 항상 우리에게 시간을 내어 주었다.

가장 최근에 나는 앤(Anne)에게 좀 더 공적 의미의 도움을 받고 있다. 그녀는 하나님을 깊이 의식하며 영적 통찰력이 좋은 여성이다. 앤은 리트리트센터를 운영하며 내가 관상적 영성을 발견할 때 그녀는 이 특정한 영적 경향으로 나를 훈련시켰다.

나는 그녀의 집에서 하나님과의 시간을 가지며 여러 멋진 날을 보내기도 했지만 한편 나의 진심을 앤과 나누기도 했고 내 삶에 대한 그녀의 지혜도 들었다. 그녀는 부드럽지만 확고하게 나의 개인적 문제를 지도해 주었고 가장 중요한 결정을 내리도록 도움을 주었다. 그녀가 나와 함께 그 많은 시간을 기꺼이 보내주지 않았다면 나는 오늘날 이 책을 저술 할 수 없었을 것이다.

나는 나를 도와주었고 여전히 도와주고 있는 사람들에 대하여 계속해서 더 말할 수 있다. 이들 이야기를 나누는 이유는 당신이 영적 멘토링에서(공식적이든지 비공식적이든지) 꼭 필요한 자질과 능력을 알아차릴 수 있을 것이기 때문이다. 이 시점에 더 나아가기 전에 잠시 멈추고 여러분의 여정에서 당신을 도운 사람들에 대하여 생각해 보는 것이 도움을 줄 수 있을 것이다.

각 사람에 대하여 그들이 당신의 삶에 어떤 공헌을 했는지 생각해 보라. 그들로 인하여 하나님께 감사하라. "그들이 가진 자질과 능력이 무엇인가? 왜 내가 그들에게 그렇게 이끌렸는지 그리고 그들이 어떻게 나를 도왔는가?"를 스스로 물어보라.

키이스 앤더슨(Keith Anderson)과 랜디 리이스(Randy Reese)는 그들의 책『영적 멘토링』(Spiritual Mentoring)에서 멘토링 과정에서 "영적 매력"의 힘에 관하여 이야기한다.[19] 그 의미는 우리는 주로 우리가 사모하고 존경하며 우리 자신의 여정에서 우리에게 도움을 줄 수 있을 것이라고 느끼는(거의 직감적으로) 멘토들에게 이끌린다는 말이다.

우리는 우리 자신의 삶에서 가지기를 원하는 어떤 것을 그들 안에서 본다. 영적 멘토링에 필요한 자질과 능력과 도구들에 관하여 내가 내 자신의 생각을 제안할 때 이것은 나 자신의 관점을 반영한 것임을 기억하기를 바란다. 당신은 이 제안들에다 원하는 것을 더하거나 **빼도** 된다.

나는 영적 멘토링이 은사와 소명의 문제라고 믿는다는 말을 하는 것이 도움이 될 것이라고 생각한다. 그것은 하나님께서 우리 안에 주신 어떤 것이다. 그것은 성령이 우리에게 고유하게 주신 것이며 그리스도께서 우리 전체의 삶 동안 준비하신 것이기 때문이다. 그들이 먼저 이러한 은사와 소명이 없는 한 우리가 그들을 영적 멘토가 되도록 훈련시킬 수 없다고 생각한다. 훈련은 기본적 자질을 풍부하게하고 강화시킬 수 있지만 훈련만으로는 영적 멘토를 만들어낼 수 없다.

---

[19] Anderson and Reese, *Spiritual Mentoring*, 3장.

1. 자질

1) 그리스도에 대한 개인적 경험

영적 멘토링에 대하여 우리가 이야기하고 있는 한, 멘토가 영적인 사람이어야 하며 그리스도를 깊이 친밀하게 아는 사람이어야 한다는 말을 하지 않을 수 없다. 확실한 것은 멘토는 영적 여정에서 멘토리보다는 조금 앞서 있는 사람이며 적어도 그리스도를 따르는 데 있어서 조금 더 경험이 있어야 한다.

멘토들은 회심에 대한 확실한 체험이 있어야 하고 은혜로 성장하고 여전히 그리스도를 더 알기 원하는 열정이 있어야 한다(빌 3:7-10). 멘토로서 우리는 우선 개인적 본을 보임으로써 다른 사람들에게 진리를 전한다. 영적 열정은 "가르쳐지는 것"이라기보다는 "붙잡히는 것"이다.

2) 하나님의 방식에 대한 이해

다른 사람이 자신의 삶에서 하나님이 하시는 일을 분별하도록 우리가 도우려면 우리 스스로 하나님의 뜻을 발견하고 우리 자신의 삶에서 그의 사역을 분별하는 경험이 있어야 한다. 경험을 대체할 것은 아무것도 없으므로 멘토들은 확실하게 "생생한 경험"을 가지고 있어야 한다는 의미이다. 멘토에게 필요한 일종의 지혜는 책이나 세미나 혹은 교실에서 나오는 것이 아니라 실제 삶의 상황에서 생겨난다. 여러 해 동안 그리스도를 일관적으로 따를 때 우리는 하나님의 방식으로 보이는 것들을 분별하기 시작하고 일상의 사건들에서 그의 행하심을 인식하기 시작한다. 시편 기자의 말에서 보면, "그의 **행위**를 모세에게, 그의 **행사**를 이스라엘 자손에게 알리셨도다"(시 103:7, 굵은 체는 저자의 강조).

3) 성령과의 조화

성령이 진정한 영적 멘토이므로 우리가 다른 사람을 경청할 때 그가 우리에게 주시는 촉구를 들을 수 있는 귀를 개발하는 것이 중요하다. 우리를 안내하는 성령에 우리가 의지할 때 우리가 듣는 것이 무슨 의미인지 그가 도울 것이며 적절한 성경 구절이 떠오르게 할 것이며 멘토리와 나눌 도움이 되는 통찰을 줄 것이다.

더 구체적으로 우리는 문제의 영역을 살펴 볼 수 있는 지혜의 말씀과 지식을 얻기 위해 마음을 열 수 있다(고전 12:8). 우리가 경청하는 모습을 취하면 성령이 언제든지 우리 마음에 중요한 생각을 주실 것이다.

> 주 여호와께서 학자들의 혀를 내게 주사 나로 곤고한 자를 말로 어떻게 도와 줄 줄을 알게 하시고 아침마다 깨우치시되 나의 귀를 깨우치사 학자들 같이 알아듣게 하시도다 (사 50:4).

4) 기도에 충실함

멘토링의 전체 상황은 경청하는 기도이다. 물론 우리가 하는 것은 그가 이야기하는 것을 듣는 것이지만 우리는 그 사람을 하나님 앞에 올려드리는 것이기 때문이다. 미리 기도하는 것은 하나님께 우리가 의지하는 것을 표현할 뿐만 아니라 사람들이 우리에게 그들이 이야기를 나누는 것이 더 쉬워지게 할 수 있다.

멘토링을 제공한 이후의 기도는 이미 행해진 것을 밀봉할 수 있고 선한 일을 사탄이 되돌리지 못하게 막을 수 있다. 멘토링을 제공할 때 사역을 위하여 안수하거나 기도를 하는 것이 적절할 수 있다. 이스라엘 족속의 이름들을 그의 가슴 판에 새긴 나이든 대제사장처럼, 멘토들은 그들이 안내하는 사람들의 이름을 그들의 가슴에 새겨 넣을 것이다.

5) 고난과 실패의 경험

"다리를 절어본 경험이 없는 사람은 결코 신뢰하지 말라"는 속담은 이 점을 요약한다. 성공만 알고 성취만 경험해본 사람은 다른 사람을 돕기에 가장 좋은 사람을 아닐 수 있다. 왜냐하면 그들은 그들의 방식이 그들에게 적용했으므로 그것이 오직 바른 방식이라고 믿을 가능성이 크기 때문이다! 그들은 실패를 알고 패배를 맛본 사람보다는 더 자랑이 많고 교만할 가능성이 크다.

영적 삶의 가장 심오한 교훈은 호된 시련에서 얻으며 거기에 있어보지 못한 사람은 결코 믿을 만한 안내자가 되지 못할 것이다.

자신의 실패와 발견의 경험에서 나와 사도 베드로는 자갈돌에서 반석으로 변화되었으며 하나님의 양떼를 먹이는 목자로서 믿을 수 있는 사람이 되었다. 그가 "근신하라 깨어라 너희 대적 마귀가 우는 사자 같이 두루 다니며 삼킬 자를 찾나니"(벧전 5:8)라고 우리를 상기시킬 때 우리는 그의 말이 경험에서 나왔기 때문에 권위가 있음을 안다. 그가 "너희는 믿음을 굳건하게 하여 그를 대적하라"(벧전 5:9)고 말할 때 우리는 그가 스스로 거기에 있었기 때문에 그의 조언이 믿을만한 것임을 안다.

6) 유용성

다른 사람이 필요로 할 때 찾을 수 있도록 우리를 열어 놓지 않으면 우리는 다른 사람을 멘토링할 수 없다. 분명히 멘토링은 어떤 경계선 안에서 그리고 확실히 정의된 기대치가 있을 때 가장 잘 수행되지만 우리가 멘토하는 사람에게 질적 시간을 제공하려는 의지가 핵심이다. 이것은 멘토링 시간이 동의되고 약속이 지켜져야 하는 공식적 상황에서나 좀 더 비공식적인 경우에도 그러하다.

예를 들면 휴식을 취하고 있는 상황이나 함께 여행을 하고 있거나 같은 프로젝트를 가지고 일하고 있을 때도 그러하다. 3년의 귀한 시간 동안 생활을 함께 나누는 방식으로 예수님께서 자신의 제자들을 멘토하는 방법은 확실히 그러했다. 시간은 우리의 가장 귀중한 자원들 중의 하나이므로 다른 사람이 요구할 때 만족할 정도로 우리 자신을 제공하는 것도 그러하다.

7) 자기인식과 다른 사람에 대한 이해

우리 자신을 아는 것은 개인적 성장과 발전의 열쇠 중의 하나이다. 우리 자신을 속이고 방어벽 뒤에 숨어 살며 자신의 부족한 점에 결코 직면하지 않기는 매우 쉽다.

자신의 장점과 단점을 알고 취약함을 드러낼 준비가 된 사람만이 효과적으로 멘토할 수 있을 것이다. 왜냐하면 그것은 인간을 특별히 우리 자신에 대하여 잘 공부하는 학생이 되기를 요구하기 때문이다.

8) 사람에 대한 진정한 사랑

우리가 멘토하는 사람들을 그 존재 자체로 수용하는 메시지를 전달한다. 멘토링에서 우리에게 동기를 주는 것은 정말로 사람에 대한 충분한 사랑을 우리가 가지고 있고 개인이 그들의 잠재성을 최대한 발휘하는 것을 보기 원하는 것이다. 이것이 단점이나 죄에 대하여 부드럽거나 모른 척하라는 의미는 아니다.

필요시 적절하지 않은 행동에 대면하고 도전을 할 수 있지만 그 개인을 가치 있게 여기며 믿음을 보여주는 방식으로 해야 한다. 우리는 사랑 안에서 신실을 말해야 하는 것을 알고(엡 4:15) 우리 자신의 사랑으로가 아니라 하나님의 사랑으로 사랑해야 한다.

9) 비밀보장

멘토링 관계는 신뢰를 기초로 세워지며 그것은 신뢰를 지킬 수 있어야 한다는 의미이다. 일반적으로 말하면 사람들은 우리를 신뢰할 수 있다고 느낄 때만 우리에게 마음을 연다. 그들은 소소한 신뢰 문제를 가지고 먼저 우리를 떠보고 우리가 그들의 신뢰를 깨뜨리지 않을 것이라는 확신이 있을 때만 가장 중요한 것을 이야기 할 것이다.

다른 사람의 신뢰를 받는다는 것은 큰 특권이며 우리는 존중과 존경으로 그것을 반드시 지켜야한다. 어떤 이유가 있어서 제3자의 도움과 조언이 필요함을 느끼면 우리는 멘토링 관계 밖에 있는 사람에게 정보를 밝히기 전에 멘토리의 허락을 얻어야만 한다.

10) 격려

멘토로서 우리는 우리가 멘토링하고 있는 사람을 믿어야하며 하나님께서 그 사람의 삶에서 일하고 계신다는 것을 믿는 믿음을 기초로 한다. 이것은 우리가 항상 낙관적이고 긍정적이며 멘토리에게 힘을 부여해 줄 수 있다는 의미이다.

어떤 사람은 멘토가 "그것은 해결될 수 있습니다, 당신은 혼자가 아닙니다, 나는 당신을 믿습니다"라는 세 가지 명백한 메시지를 말한다고 했다. 바나바처럼 우리는 영적 격려의 은사를 가지고 사역한다.

2. 기술

기술은 배울 수 있는 것이므로 자질과는 다르다. 이것은 우리가 발전시키고 좋아지게 할 수 있는 학습된 행동이다.

1) 적극적 경청

이것은 다른 사람이 말하고 있는 것(혹은 때로 말하지 않은 것)을 진정으로 "들을" 수 있는 능력이다. 우리 대부분은 경청이 쉬운 것이라고 생각한다. 하지만 보통 우리는 경청이 단순히 우리가 말할 차례를 기다리는 것이라고 여기기 때문이다. 사실 우리가 경청만 하고 있지 않기 때문에 우리는 다른 사람이 말하고 있는 것을 많이 놓친다.

나는 나 자신이 가진 경청의 문제를 이미 언급했다. 경청의 능력을 증진시키기 위하여 나는 다른 사람이 말하고 있는 것에 의식적으로 초점을 맞추고 나 자신의 생각을 차단하는 방법을 배워야 했다. 나는 그들을 중단시키지 않고 그들의 침묵에도 편안함을 느끼며 그들에게 온전히 주의를 집중하는 것을 배워야 했다.

나는 내가 모든 것을 다 알아들었다고 가정하기보다는 내가 이해한 것을 그 사람에게 되물어보는 방법을 배워야 했다. 이것이 경청이 힘든 일인 이유이며 진정으로 경청을 하고난 후 그렇게 피곤을 느끼는 이유이다.

그러나 다른 사람을 진실로 경청하는 것은 그들에게 우리가 줄 수 있는 가장 최선의 선물이며 멘토링을 진지하게 고려하는 사람이라면 경청자로서의 역량을 발전시킴으로 스스로를 준비시켜야 한다.

2) 좋은 질문하기

경청의 기술 다음으로 좋은 질문을 할 수 있는 기술은 매우 중요한 능력이다. 사실 브라이언 휴즈가 상기시켜 주듯이, "좋은 질문을 하는 중요한 열쇠는 실제로 경청에 뿌리를 두고 있다."[20]

우리는 멘토링 시간이 조사 받는 것처럼 느껴지기를 원치 않는다. 그러나 좋은 질문의 사용은 사람들이 말하도록 그리고 자신의 더 깊은 감정을 탐구하도록 격려할 수 있다. 예수님은 항상 질문을 하셨고 우리는 그 본을 배울 수 있다.

"예" 혹은 "아니오"라고 단순히 대답하는 것 이상으로 답변자의 의견을 자유롭게 말할 수 있게 하는 질문이 가장 좋은 질문이다. 이러한 질문은 종종 "어떻게"나 "왜"로 시작한다. 그리고 결코 협박하는 듯해서는 안 되며, 그래서 우리가 사용하는 목소리의 톤이 중요하다.

질문은 사람들이 어떤 상황을 묘사하고 그들의 느낌을 알아차리고 그들의 감정 뒤에 놓인 생각을 탐구하도록 도울 수 있다. 그러한 탐구는 잘못된 믿음 체계를 알아차리고 마음을 새롭게 하는 방법에 마음을 열게 하는데 매우 귀중하다.

20　Hughes, *Discipling, Coaching, Mentoring*, p. 109.

3) 성경과 영적 고전에 대한 지식

영적 멘토링에 대하여 이야기 하고 기독교 신앙의 배경에서 이야기하고 있으므로 성경에 대한 완전한 지식과 그것을 멘토리의 상황에 관련시킬 수 있는 능력은 귀중한 기술이다. 우리가 하나님이 사역하시는 원리라고 발견한 것은 성경 안에 있으며 우리는 안내와 영감을 주기 위하여 멘토리에게 성경 구절을 제시해 주어야 한다. 성경 구절뿐만 아니라 이야기 부분을 가르쳐 주는 것도 도움을 줄 수 있다. 왜냐하면 하나님은 그의 백성들의 삶을 가지고 가장 중요한 교훈을 많이 기록하셨다.

성경에 부가하여 우리는 수세기를 거쳐 하나님의 백성들을 풍성하게 하고 많은 정보를 제공해 준 영적 고전에서도 교훈을 얻을 수 있다. 물론 여기에서 모든 것을 다 나열하기는 어렵지만 몇 가지 중요한 것을 소개하면, 십자가의 요한(St John of the Cross)의 『영혼의 어두운 밤』(The Dark Night of the Soul), 아빌라의 테레사(Teresa of Avila)의 『영혼의 성』(The Interior Castle), 로렌스 형제(Brother Lawrence)의 『하나님 임재 연습』(The Practice of the Presence of God)을 들 수 있다.

내적 삶에 대하여 저술한 훌륭한 저자들의 글도 읽을 가치가 있다. 소수의 이름만 말하자면, 귀용 부인(Madam Guyon), 노리치의 줄리안(Julian of Norwich), 앤드류 머레이(Andrew Murray), 헨리 나우웬(Henri Nouwen), 토마스 켈리(Thomas Kelly), 토마스 머튼(Thomas Merton), 에블린 언더힐(Evelyn Underhill), 위치만 니(Watchman Nee), A.W. 토저(A.W. Tozer)가 있다.

그리고 우리의 삶을 풍요롭게 하고 기독교 영성에 대한 우리의 인식을 깊어지게 할 여러 현대 저자들도 잊지 말아야 한다. 리차드 포스터(Richard Forster), 조이스 휴겟(Joyce Huggett), 달라스 윌라드(Dallas Willard), 유진 피터슨(Eugene Peterson), 브레난 맨잉(Brennan Manning), 마가렛 실프(Margaret Silf) 등이 내가 좋아하는 사람들이다. 이 훌륭한 저자들은 그들의 지혜와 통찰로 그들의 저술을 통해 실제로 우리를 멘토하며 우리의 이해를 증가시키며 내적 삶의 경험을 깊어지게 한다.

3. 도구

기계공이 가지고 있는 것은 단지 사용할 일련의 도구들이듯이, 멘토는 사람들이 자신을 발견하고 하나님과 관계를 맺도록 돕는 실천적 방법을 함께 모을 수 있다.

1) 성경

멘토로서 우리는 하나님의 말씀에 젖어들며 멘토링 과정에서 성경 구절을 적절하게 사용할 수 있다. 예수님은 "천국의 제자된 서기관마다 마치 새것과 옛것을 그 곳간에서 내오는 집주인과 같으니라"(마 13:52)고 말씀하셨다. 현명한 멘토는 멘토리가 읽을 성경 본문과 묵상하기에 알맞은 성경 구절을 가리켜 주기 위하여 살펴볼 것이다. 우리는 상상력이 풍부한 독서나 거룩한 독서(Lectio

Divina-성경 말씀을 읽고 성령이 우리에게 준 것에 응답하면서 경청함으로써 하나님과 관계를 맺는 고전적 방법, 더 충분한 설명을 위해서는 부록B를 보라)라는 수단을 통해 사람들을 성경 말씀에 관련시키는 방법을 안다. 멘토링 과정에서 일어나는 것을 성경 말씀의 배경에 연결시키려고 하는 것은 항상 도움이 된다.

2) 성격 검사

여러 성격 검사 방법들이 가능하며 현명하게 적용될 수 있으며, 그것들은 자기 인식을 발전시키는 데 정말로 도움이 될 수 있다. 이들 중의 하나가 에니어그램(Enneagram)이지만 나는 마이어즈-브릭스 성격 유형 지수(Myers-Briggs Personality Type Indicator)를 선호한다. 그것은 사람들에게 유용한 틀을 제공하여 그들이 자신들에 대하여 이미 가지고 있는 모든 정보를 그 안에 넣어 볼 수 있다.

그것은 그들 자신을 이해하도록 도울 뿐만 아니라 다른 사람을 이해하기 시작 하도록 돕는다. 그것은 적절한 여러 적용 점들이 있는데 특히 성격이 영적 삶에 미치는 영향력에 관하여 더욱 그렇다. 물론 이러한 "도구들"을 사용하도록 훈련을 받지 않았을 수도 있지만 그것들을 이해하는 것은 다른 사람을 돕기 위한 능력을 크게 강화시킬 것이다.

3) 영적 훈련

이것은 다른 사람들이 하나님과 관계를 맺도록 격려하는 간단하고 실천적인 다양한 방식들이다. 16세기 스페인의 이그나시우스 로욜라(Ignatius Loyola)는 그의 책 『영적 훈련』(*The Spiritual Exercises*)에서 이 방식으로 인도했다. 이것은 종종 현대에 알맞게 변경되었지만 아마도 현대에 가장 폭넓게 사용되는 도구일 것이다.

상상력 풍부한 성경 읽기(성경 이야기 안에 있는 우리 자신을 상상하고 그 안에서 그것을 경험해 보도록 하는)의 실천에 보통 사용되면서 "나는 누구인가? 나는 어디에 있는가? 나는 어떤가?"라는 세 가지 질문을 이그나시우스에게서 가져온다.

마가렛 실프는 그녀의 책 『랜드마크』(*Landmarks*)[21]에서 이 훈련을 대중화시켰는데, 그것은 모든 영적 멘토들에게 훌륭한 자료이다. 좀 더 최근에 래이 심슨(Ray Simpson)은 『영적 운동의 기쁨』(*The Joy of Spiritual Fitness*)[22]이라는 간단한 영적 훈련에 관한 책을 저술하였다. 부록A에 내가 사용하는 영적 훈련 몇 가지를 추가해 놓았다. 자기 고유의 영적 훈련 모음집을 만드는 것도 가치 있다.

마지막에는 자격이 있다고 느낄 사람이 아무도 없기 때문에 영적 멘토의 자질, 기술 그리고 도구들의 목록을 제공하는 것은 큰 위험이 따른다. 내 의도는 용기를 꺾으려는 것이 아니라 오히려 멘토로서 계속 자신의 개인적 발전을 도모하여 이 가장 중요한 역할을 담당할 수 있도록 성장하기를 격려하기 위함이다. 이미 존재

---

[21] Margaret Silf, *Landmarks*, DLT, 1998.
[22] Ray Simpson, *The Joy of Spiritual Fitness*, Zondervan, 2003.

하는 자질을 스스로 인정하고(거짓 겸손은 사양합니다!) 연약하다고 느끼는 부분에 대해 하나님께 도움을 구하라. 이미 가지고 있는 기량을 예리하게 하는 것과 새로운 기량을 발달시키는 것을 생각해 보라.

결국 이 과제를 위하여 하나님께 헌신하고 하나님의 기름부음을 구하라. 왜냐하면 이것은 영적 사역이며 오직 성령의 힘으로만 될 수 있기 때문이다.

제 6 장
경치 좋은 길: 영적 인식 계발

보통 어떤 특정한 장소에 도달하는 데는 두 가지 방법이 있다. 지름길과 경치 좋은 길이다. 대부분의 사람들은 고속도로를 선택하는 식으로 가장 가까운 길을 선택하여 가능한 한 빨리 목적지에 도달하려 한다. 좀 더 느리고 경치 좋은 길을 위한 시간이 있는 사람들은 거의 없다. 그것은 우리 주변의 아름다운 자연 풍경을 즐길 기회를 놓친다는 의미이다.

우리는 이러한 방식으로 또한 살고 있다. 삶의 목표에 도달하느라 너무 바쁘고 목표를 달성하고 마감시간에 맞추려고 너무 집착하느라고 우리 삶에서 일어나는 것을 주목할 시간이 없다. 우리는 사는 일에 너무 열중하여 하나님의 현존을 의식하지 못한다.

영적 멘토가 다른 사람의 삶을 위하여 할 수 있는 가장 위대한 공헌은 그들이 하나님의 임재를 각성하고 그들의 삶에서 하나님의 사역을 인식하게 되어 깊은 신앙심으로 응답하도록 돕는 것이다. 베너는 이것을 "영혼 조율"이라고 부르면서 그러한 인식을 하도록 돕는 것이 영적 지도의 주된 목표라고 말한다. 그는 다음과 같이 쓰고 있다.

> 하나님은 주의를 끌며 알려지기를 원하시면서 항상 우리에게 다가오신다. 우리는 그분을 주목하지 못하면서 무지하게 이러한 모든 것을 지나친다. 우리는 우리 자신의 고통과 걱정과 일들로 둘려 싸여 그분을 보지 못한다. 하나님께 마음을 열어 받아들이는 태도를 계발시키도록 돕는 것은 무엇이든 항상 자신을 계시하고자 하시는 하나님을 만나도록 우리를 준비시킨다.[23]

영적 멘토링은 어느 정도의 영적 지각에 대한 지도를 확실히 포함한다. 하나님의 임재를 놓치기 쉽고 그의 음성을 듣지 못하기 쉽다. 하나님은 종종 그림자처럼 나타나서 "세미한 소리"(왕상 19:12)로 말씀하기도 한다. 그의 임재를 온전히 누리려면 주의 깊게 살펴보아야 한다.

하나님은 우리의 모든 주변에 계시며 우리는 하나님으로 꽉 찬 세계에서 살지만 이것이 우리가 늘 그를 인식한다는 의미는 아니다. 다른 사람을 멘토링할 때 우리는 그들이 이미 존재하는 하나님의 활동을 발견하도록 돕는데 집중할 필요가 있다. 우리가 행하는 가장 큰 일은 그들이 하나님에 대하여 깨달을 수 있도록 단지 초점을 맞추는 것이다.

야곱은 살아가는 일에 열중해 있는 사람의 좋은 예이나. 라반의 딸들 중에서 아내를 찾으라는 아버지 이삭에 의해 보내졌으며 그는 그의 과제에 당연히 열심을 다했다. 의심할 바 없이 그에게 속

---

[23] Benner, *Sacred Companions*, p. 96.

임을 당하여 이제 그를 죽이고자 찾고 있는 그의 형 에서로 인해서 그의 마음은 불안으로 가득했다. 밤이 되어 그가 "한 장소"(창 28:11)에 멈추게 되었을 때, 그는 하나님께서 그에게 말씀하시는 꿈을 꾸었다. 그가 갑자기 극적으로 하나님을 의식하게 되었다.

> 여호와께서 과연 여기 계시거늘 내가 알지 못하였도다(창 28:16).

> 이에 두려워하여 이르되 두렵도다 이 곳이여 이것은 다름 아닌 하나님의 집이요 이는 하늘의 문이로다"(창 28:17).

하나님과 매우 근접해 있으면서도 그의 임재를 알아차리지 못할 가능성이 있다.

혹은 엠마오 도상의 두 제자들을 생각해보라. 실망과 절망으로 그들은 부정적 생각에 사로 잡혀있어서 부활하신 예수님이 그들 옆에 왔을 때 그를 여행자 이상으로 보지 못했다. 누가가 말하듯이 "그들의 눈이 가리어져서 그인 줄 알아보지 못하였다"(눅 24:16). 눈이 열리기 위하여 특별한 계시의 순간이 필요하다.

> 그들과 함께 음식 잡수실 때에 떡을 가지사 축사하시고 떼어 그들에게 주시니 그들의 눈이 밝아져 그인 줄 알아보더니(눅 24:30-31).

예수님이 못 박혀 묻히신 무덤이 있는 동산에서 막달라 마리아는 어떠했는가? 애통과 슬픔에 못 이겨 부활하신 주님을 동산지기인줄로만 알았다.

> 이 말을 하고 뒤로 돌이켜 예수께서 서 계신 것을 보았으나 예수이신 줄은 알지 못하더라(요 20:14).

슬픔은 그녀가 예수님을 인식하지 못하도록 막았다. 예수님이 그녀의 이름을 부르자 그녀는 그의 현존을 깨달았다.

그러면 사람들이 영적으로 더 깨어 있을 수 있도록 우리가 어떻게 도울 수 있을까?

1. 이 세상 도처에 계신 하나님

먼저 우리는 그들이 이 세상 도처에 계신 하나님을 주목하도록 도울 수 있다. 우리가 어디에 있든지 우리 언어가 무엇이든지 상관없이, 창조세계 자체가 우리에게 하나님에 대하여 명백하고 확실한 방식으로 크게 외치고 있다.

> 하늘이 하나님의 영광을 선포하고 궁창이 그의 손으로 하신 일을 나타내는도다 날은 날에게 말하고 밤은 밤에게 지식을 전하니 언어도 없고 말씀도 없으며 들리는 소리도 없으나 그의 소리가 온 땅에 통하고 그의 말씀이 세상 끝까지

> 이르도다 하나님이 해를 위하여 하늘에 장막을 베푸셨도다
> (시 19:1-4).

우리는 정말로 우리 주변 세계를 주목하는 훈련을 하여 그 위풍과 위엄이 위대한 하나님에 대하여 우리에게 말하게 할 수 있다. 아름다운 일출에 눈을 뜨고 구름으로 가득한 하늘을 음미하거나 숨 가쁘게 펼쳐지는 전경 앞에서 경외심으로 서 있을 때, 우리는 잠시 멈추고 그 순간을 음미하면서 그것이 우리에게 하나님을 가리키게 하고 내적으로 심오한 차원에서 그와 연결되게 할 수 있다.

창조 세계는 일상적인 말로 하나님의 "거대함"을 말할 뿐만 아니라 인격적으로 개별적으로 이야기할 수도 있다. 왜냐하면 하나님은 그의 말씀으로 창조된 질서를 채우셨기 때문이다. 다시 말하면 우리가 그것에 깨어 있으면 그의 창조 세계를 만남으로서도 하나님께서 우리에게 말씀하시는 것을 들을 수 있다. 이것이 예수님이 그의 제자들에게 눈을 들어 주변을 보라고-예들 들어 공중에 나는 새나 들에 핀 꽃들을 둘러보라고-훈련시킨 이유이다(마 6:25-30).

예수님은 제자들이 그들에 대한 하나님의 돌봄과 공급하심과 불안한 마음을 편하게 하는 풍부한 영적 교훈을 가르치는 자연의 비유를 거기에서 찾을 수 있을 것을 알았다. 창조 세계가 하나님으로 가득 차있음을 우리가 한번 깨닫고 사물들을 가까이 살펴보는 훈련을 하게 되면 우리가 우리를 둘러싸고 있으며 우리를 항상 부르고 계신 하나님을 의식하기는 그리 어렵지 않을 것이다.

이 세상 도처에 계신 하나님을 내가 더 인식하게 해 주어서 내가 다른 사람들에게 계속 추천하는 간단한 훈련은 "인식 산책"(awareness walk)이라 불리는 것이다. 이것은 그냥 밖에 나가서 산책하는 것이다. 하나님께서 우리의 발걸음을 인도하시기를 기도하며 그를 만나려는 갈망으로 의도적으로 그렇게 한다. 그리고 걸어가면서 "눈에 들어오는 것을 알아차린다." 우리의 주의를 끄는 것, 우리 눈을 사로잡는 것 혹은 우리가 끌려드는 것은 무엇이든지 모두 사려 깊은 성찰의 대상이 된다.

그것이 나에게 무엇을 말하는가?

이것을 통해 하나님께서 나에게 어떻게 말씀하실 수 있는가?

그것에서 어떤 교훈을 얻을 수 있는가?

이 훈련을 자주 사용하기 때문에 나는 나의 인지능력이 놀랍게 증가되었음을 알게 되었다. 나는 이제 의식적으로 "인식 산책"을 하지 않을 때에도 성령께서 얼마나 자주 내 주변에 있는 중요한 것들에 나의 주의를 집중하게 하는지 깨닫는다. 마치 나의 영적 민감성이 증가되고 그와 함께 나의 하나님에 대한 인식도 증가한 듯하다.

2. 일상 속에 계신 하니님

두 번째로 우리는 사람들이 일상 속에 계신 하나님을 찾아내도록 돕는다. 하나님의 놀라운 임재가 우리에게 실재할 때 최고의 경험을 하는 것은 근사하지만, 대부분의 삶은 일상의 평범함 중에 있으므로 거기에서도 하나님의 임재를 발견할 수 있어야 한다. 우리는 가사일과 중에서, 가정생활의 도전 안에서, 복잡한 작업 환경 속에서, 여가 활동과 취미 활동의 즐거움 가운데서 하나님을 찾아낼 수 있어야 한다. 하나님께서 그러한 현실적인 일에 관심이 없을 것이라고 생각하기 보다는 예수님 안에 성육신하셔서 이 세상에 오신 하나님은 우리에게 일어나는 모든 일에 관심을 가지고 관여하신다는 것을 알아야 한다.

많은 사람들이 일상적 삶에서 하나님의 발자국을 볼 수 있도록 돕는 단순한 훈련은 "규명의 기도"(prayer of examen)라고 불린다. 그것은 그날의 사건을 여러 번 생각해보며 비디오 녹화를 하는 것처럼 우리 마음속에서 그것을 재연해 보는 것이다. 성령의 도움으로 우리에게 일어난 모든 것에서 하나님의 임재를 알아차리도록 도움을 줄 간단한 질문을 한다.

오늘 누구를 만났는가?

누군가 친절과 동정으로 나에게 하나님의 사랑을 나타내 보여 주었는가?

어떤 작은 방식으로 누군가에게 하나님의 사랑을 나타내 보여 줄 수 있었는가?

오늘 감사한 것이 무엇인가?

유감스러운 것은 있는가?

내 신앙에 도전을 주는 어떤 일이 일어났는가?

하나님께서 나에게 말씀하시는 것을 조금이라도 인식하였는가?

이렇게 그 날 하루를 검토하는 것은 우리가 실패한 곳이 아니라 성공한 곳을 보여주려는 것이다. 우리가 "그것을 놓친" 때를 스스로 비판하는 것이 아니라 오히려 우리 안에서 볼 수 있는 성장에 감사를 드려야 한다. 다시 말하면, 이 단순한 훈련을 계속 실천하는 것은 매일 매일 하나님의 임재에 대한 우리의 인식을 강화할 수 있는 도구가 될 것이다.

이것과 함께 우리는 코사드의 쟝피에르(Jean-Pierre de Caussade)가 "지금 이 순간의 성례"(sacrament of the present moment)라고 부르는 것으로 다른 사람을 격려할 수 있다. 코사드의 쟝피에르는 18세기 프랑스의 영적 지도자로 개인들이 영적 지도자들에게 너무 의지하지 말고 일상의 불안정함에서 그들 스스로 하나님을 찾아내도록 격려했다. 그는 "가장 큰 것에서 뿐만 아니라 가장 작은 것에서 그리고 가장 평범한 것에서 하나님을 발견하는 것은 흔치않은 승화된 신앙을 소유하는 것이다"[24]라고 썼다.

이것은 "이 날은 여호와께서 정하신 것이라 이 날에 우리가 즐거워하고 기뻐하리로다"(시 118:24)에서 인식하고 있는 방식으로 사는 것을 의미한다. 다른 말로 이 순간은 내가 가진 단 한순간이므로 내가 가진 가장 중요한 순간이다. 그러므로 나는 그것을 온전히 경험해야 하며 지금 현재 하나님으로 가득해야 한다.

너무나 많은 사람들이 그들을 둘러싸고 있는 지금 이 순간에 하나님을 놓치는 반면 과거에 대한 후회에 묶여서 혹은 미래의 꿈을 기다리면서 그들의 삶을 살고 있다. 우리는 그 날을 우리에게 주신 하나님께서 우리와 함께 그 날 안에 계실 것임을 깨달음으로써 현재를 성스럽게 만든다. 그는 우리가 깰 때, 우리가 먹을 때, 우

---

[24] Jean-Pierre de Caussade, *The Sacrament of the Present Moment*, Fount, 1981, p. 84.

리가 일할 때, 그리고 우리가 잘 때 변함없는 동반자와 안내자로 거기에 계신다. 존 오트버그(John Ortberg)는 다음과 같이 말한다.

> 이 순간은 당신에게 세상의 어느 것으로도 대체될 수 없는 가장 귀한 하나님의 선물이다. 무엇보다도 이 순간은 하나님이 계시는 순간이기 때문에 중요한 순간이다. 당신이 하나님과 조금이라도 함께하려면 당신은 지금 이 순간에 그와 함께 해야 한다… 폐에 가득한 모든 산소가 당신의 몸에 생명을 주는 것과 같은 방식으로 시간 안의 모든 순간은 우리가 그것을 허락하는 법을 배우기만 하면 우리 영혼에 생명을 준다. 이 순간은 지금까지 우리가 살아 본 시간들 중 가장 하나님으로 충만한 순간이다.[25]

3. 상황 속에서 일하시는 하나님

다른 사람이 하나님을 인식하는 능력을 발전시키도록 도울 수 있는 세 번째 방법이 있다. 우리는 그들이 그들의 상황 속에서 일하시는 하나님을 볼 수 있도록 격려할 수 있다. 보통 우리는 삶의 긍정적 양상들 속에서 하나님의 활동을 인지하는 것에는 어려움이 없다. 당연한 것으로 여기려는 유혹이 늘 있지만 모든 일상이 우리에게 즐거움과 기쁨을 가져다준다는 감사와 하나님의 선하

---

[25] John Ortberg, *God is Closer Than You Think*, Zondervan, 2005, pp. 67-68.

심을 알아차리는 태도를 계발하는 것은 상대적으로 쉽다. 환경이 그리 좋지 않을 때 우리 삶에서 하나님의 은혜로운 손길을 느끼는 것은 좀 더 어렵지만 성경 말씀은 모든 것에서 하나님께서 일하신다고 명백하게 가르치고 있다. 바울이 자신 있게 지적한다.

> 우리가 알거니와 하나님을 사랑하는 자 곧 그의 뜻대로 부르심을 입은 자들에게는 모든 것이 합력하여 선을 이루느니라(롬 8:28).

한 남성은 일이 잘 되어 가고 있지 않을 때 영적 멘토를 한번 만났었는데 그는 하나님께 화가 나 있었다. 그의 삶은 산산조각 난 것처럼 보였고 그는 비난하듯이 불쑥 "내가 하나님을 가장 필요로 할 때 그는 어디에 계셨나요?"라고 물었다. 현명한 멘토는 이 질문이 좋은 질문임을 인정해 주고는 톤을 바꾸면서 "네, 정말 그렇습니다. 당신이 필요로 하는 바로 그 시간에 하나님은 어디에 계실까요?"라고 대답했다.

멘토는 그 남성이 그 질문을 기도로 드릴 마음이 있다면 자신도 어둠 속에서도 하나님의 임재를 발견하기 위하여 함께 찾아보겠다고 말했다. 그 남성의 분노는 천천히 진정되었고 그는 그의 상황 속에서 하나님을 볼 수 있는 눈을 위해 기도할 것에 동의했다.

그 후 며칠이 지나면서 그는 계속 고통을 느꼈고 하나님께 질문하고 싶었지만 그의 상황 속에 계신 하나님을 찾을 수 있기를 계속 기도했다. 어느 날 아침 그가 성경을 읽어 내려가는데 "주에게는 흑암과 빛이 같음이니이다"(시 139:12)라는 한 성경 구절이 튀어

나왔다. 그 후 그는 "하나님께서 어둠 속에서 나를 보는 것은 어렵지 않다는 것을 깨달았습니다. 내가 그를 보는 것에 문제가 있었을 뿐입니다." 힘든 기간 동안 하나님께서 우리를 어떻게 다듬으시고 그러한 기간 동안에 하나님께서 우리에게 주신 많은 교훈이 얼마나 감사한 것인지를 가장 잘 판단할 수 있는 것은 분명히 종종 때가 지나서이다.

무엇을 "고치려고" 하거나 어려운 질문에 현명한 답을 찾아 내놓는 것이 멘토의 일이 아니다. 우리는 단지 인생의 계곡을 통과하는 사람들과 함께 동행 하며 그들이 "빗줄기를 통과하여 무지개를 발견"[26]할 때 그들을 위해 거기에 함께 있어주도록 부름 받았다.

4. 다른 사람들 안에 계신 하나님

하나님을 의식하는 능력을 증가시키는 네 번째 방법은 다른 사람들로 하여금 그들이 만나는 사람들 안에 계신 하나님을 깨닫도록 돕는 것이다. 하나님은 여러 방법으로 우리에게 오시는데 종종 그의 임재가 우리를 에워싸고 있는 사람들의 형태에 숨어있을 것이다.

예수님은 이것을 양과 염소의 비유에서 강조하였다(마 25:31-46). 여기서 예수님은 자신을 배고프고 목마르며 거처 없이 떠도

---

[26] George Matheson, *O love That Wilt Not Let Me Go*, 1882.

는 나그네이며 헐벗고 병들고 감옥에 갇힌 자로 표현하신다. 우리가 그들을 도울 때 사실은 주님을 돕는 것이며 그들을 거절 할 때 주님을 거절하는 것이다.

이것은 켈커타 빈민가에서 놀라운 사역을 한 테레사 수녀의 철학이었다. 하나님의 형상으로 창조되었으며 하나님을 알고 사랑하도록 창조되었음을 인식하는 것이 사람들을 바라보는 하나의 방법이다. 물론 그 이미지는 손상되었지만 존엄과 존중으로 그들을 대접해야할 의미가 있을 만큼 개인에게 충분히 남아있다.

우리는 일상의 삶에서 많은 사람들을 만난다. 나 자신도 그날 만난 사람들을 정말로 주목하지 않은 채 쉽게 지나치거나 그들과 함께 시간 보내기를 꺼린다. 우리가 만나는 사람들은 매우 쉽게 우리 삶에서 스쳐 지나가는 경관의 일부가 되고 우리가 주인공인 영화의 "엑스트라"가 된다. 그들은 사용 가치가 있는 기계보다 조금 더 나은 대접을 받는다.

슈퍼마켓 계산대의 소녀나 매표소 직원 혹은 집배원 등은 의미 없는 무명의 얼굴을 가지고 우리 삶의 배경으로 흡수될 수 있다. 그 대신에 예수님이 그들을 보는 것처럼 그리고 그들 안에 있는 예수님을 보는 것처럼 우리가 그들을 볼 수 있는 은혜를 구할 수 있다. 그들이 하나님의 형상을 가지고 있으며 할 이야기를 가지고 있고 우리의 주의를 끌 가치가 있다고 여길 수 있다.

하나님의 사랑으로 그들에게 다가갈 때 우리가 실제로 그리스도를 만나고 있는 것임을 알게 된다. 우리가 그들과 관련을 맺으면 우리는 그리스도와 관련을 맺고 있는 것이다.

영적 성장은 하나님의 임재를 경험하는 능력을 단순히 증가시키는 것이라고 말해 왔다. 다른 사람의 영적 여정에 함께 동반 할 때 그들로 하여금 하나님께 더 주의를 기울이며 가는 길가의 경치를 즐기도록 돕는 것은 우리의 특권이다. 우리는 그들이 하나님의 음성에 귀를 조율하고 그의 임재에 눈을 열며 삶의 모든 부분에서 그의 활동을 인식하도록 돕기 원한다. 이것을 더욱 더 잘하도록 우리도 함께 배울 때 우리 자신에게 덜 집중하고 하나님께 더 집중하게 될 것이다.

제 7 장
방향 감각: 분별의 은사

영적 인식을 계발하는 것이 영적 지도의 주요한 목표라면 분별력의 은사는 멘토가 멘토링 과정에 가져올 수 있는 가장 큰 자산이다. 우리는 그것을 사람들이 소유하고 있어서 길을 찾는데 도움을 주는 직관적 방향 감각에 비유할 수 있다. 그것은 지식보다는 더 직관의 문제이다.

분별의 은사는 이와 같이 영적 여행자를 위한 나침반으로서 사용될 수 있다. 그것은 다양한 선택의 기회와 선택의 자유 속에서 영적 여행자가 길을 잘 찾아가도록 돕는다. 잘못하면 혼동될 수 있을 때 그것은 옳은 길을 깨닫고 선택할 수 있게 한다.

"분별하다"라는 단어의 라틴어 어근(*discernere*)은 분리하다 혹은 구별하다는 의미인 반면, 헬라어 어근(*diakrisis*)은 선과 악을 시험하거나 분간한다는 의미이다. 분별력은 신짜를 발견하거나 가치 있는 것을 발견하는 과정이라고 정의되기도 한다(모래 속에서 사금을 채취하거나 혹은 진짜인지 알기 위하여 동전을 깨무는 것처럼). 분별력은 또한 즉각적이고 직접적인 통찰력의 소유라고 정의되기도 한다. 이 설명들은 각각 우리가 분별력을 무엇이라고 하는 것에 대해 도움이 되는 단서를 준다. 내 생각에 이를 가장 잘 요약하는 정의에 의하면 분별력은 영적 시각으로 문제의 핵심을 보는 것, 하나님의 관점을 보는 것, 사건의 표면 이상을 보는 것, 시급한 것과 일시적인 것 이상을 보는 것이다.

분별력은 교회의 삶에서 핵심적이다. 사탄이 거짓 선지자를 보내서 거짓 가르침을 함으로써 하나님의 사역을 계속 방해하려 하기 때문에 우리는 "영들을 분별하라"고 부름을 받았다(요일 4:1). 신약성경은 부도덕한 사람들과 제멋대로인 가르침 때문에 혼동으로 가득하다.

교회 지도자들도 하나님의 말씀인지 아닌지를 구별하도록, 즉 하나님께로부터 온 말씀인지 아니면 자기 자신 안에서 혹은 상상에 의해 떠오른 말씀인지를 구별하도록 부름을 받았다. 예를 들어 성령으로 하는 것은 무엇이든지 예수님을 영화롭게 한다는 말씀에 기초하여 그들은 교회에 주어진 예언과 영감적 메시지를 "판단"해야 한다(고전 12:1-3).

영적 안내자에게도 분별력은 동일하게 중요하다. 우리가 분별하는 능력을 발달시킬 수 있고 누구나 따를 수 있는 분별의 과정에 단계들이 있지만 분별력은 우선적으로는 하나님의 선물이다. 바울은 그것을 "영들을 분별함"(고전 12:10)이라고 묘사하면서 성령의 은사들 중의 하나로 포함시킨다. 많은 은사주의 기독교인들은 이것을 사악한 힘의 존재와 활동을 인식하는 능력으로 보면서 매우 편협한 의미로 해석한다. 그러나 대부분의 주석가들은 이보다는 훨씬 폭넓게 적용한다. 그것은 보통 영적 활동이 하나님께로부터 온 것인지 악마로부터 온 것인지 아니면 단순히 인간으로부터 연유된 것인지에 대한 진정한 원천을 인식하는 능력으로 묘사된다.

폭넓은 의미에서 분별력은 뭔가 옳은 것을 해야 하거나 동등하게 뭔가 잘못된 일이 실제로 일어날 수도 있다고 암시하는 내적으로 강한 불편함을 감지하는 것 같은 내적으로 긍정적인 느낌으로 온다. 바울은 그의 이차 선교여행 동안 갈 곳을 고려할 때 이것을 경험했다(행 16:6-10). 그는 아시아로 가려고 재촉했지만 "성령이 [거기에서] 말씀을 전하지 못하게 하시거늘"(6절) 비두니아로 관심을 바꾸었다. 그러나 "예수의 영이 허락지 아니하여"(7절) 그들은 기다렸다. 그런데 마게도냐 사람의 환상을 보고 거기가 정말로 하나님께서 그들에게 가라고 하는 곳이라고 결론지었다.

분별력이 원래 하나님의 선물이므로 보통 기도 중에 우리에게 주어지는 것을 보는 것은 놀랄만한 것이 아니다. 그의 지혜를 구하도록 우리를 감화시키는 것은 하나님께 대한 겸손한 의존이다. 가장 좋은 예는 아마도 솔로몬이 왕이 되었을 때 한 기도이다. 그는 "듣는 마음을 종에게 주사 주의 백성을 재판하여 선악을 분별하게 하옵소서"(왕상 3:9)라고 기도했다.

우리 대부분은 지혜가 부족하다는 것을 너무 잘 알고 있기 때문에 하나님께 그의 지혜를 주시라고 기도하도록 초대된다. 야고보는 "너희 중에 누구든지 지혜가 부족하거든 모든 사람에게 후히 주시고 꾸짖지 아니하시는 하나님께 구하라 그리하면 주시리라"(약 1:5)라고 말한다. 훌륭한 멘토는 정신적으로 "하나님께 의지하여" 하나님의 지도를 구하는 기도로 멘토링을 운영한다.

"산 경험"의 유익에서 오는 지혜도 있으며 멘토는 다른 사람의 이야기를 들을 때 이것을 기대할 수 있다. 이것이 영적 멘토링이 인생 후반기에 더 잘 어울리는 이유이다. 우리의 경험을 다른 사람에게 강요하려는 것이 아니며 우리에게 일어난 일이 다른 모든 사람에게 규범이어야 한다고 말하는 것이 아니다.

그러나 하나님께서 우리의 삶에서 그리고 다른 사람의 삶에서 변함없이 하시는 일을 관찰하면서 우리는 하나님의 활동에 공통적으로 나타나는 유형들을 인식할 수 있도록 더 잘 준비될 것이다. 환자의 증상을 진단하는 의사는 그를 안내하기 위하여 직관적으로 과거의 경험을 듣는데 "영혼의 의사"도 현명하게 똑같이 한다. 앤더슨과 리스는 다음과 같이 말한다.

> 함께 나누는 멘토링 사역을 통해 우리는 우리 자신과 다른 사람들의 삶에서 펼쳐지는 이야기들 간의 연관성을 보는 법, 줄거리를 인지하는 법 그리고 그것을 즐기는 법을 배우게 된다. 그러나 이런 연관성을 찾기 위해서는 주목하는 훈련과 집중하는 연습이 필요하다.[27]

분별력은 우리가 하나님께 온전히 둘러 싸여 그의 뜻이 무엇이든지 그것을 행할 때 가장 쉽게 온다. 하나님께서 하셔야 할 것이 무엇인지에 대해 우리가 미리 결정해놓고 있거나 우리가 할 것과 하지 않을 것에 대해 고정해 놓는다면 분별력이 어렵다고 느낄 것

---

[27] Anderson and Reese, *Spiritual Mentoring*, p. 167.

이다. 우리가 우리 자신을 하나님께 온전히 제공할 때 그리고 우리 마음이 새롭게 될 때 "하나님의 온전하신 뜻을 분별"(롬 12:2)할 수 있게 된다.

이 진리를 스스로 아는 멘토들은 그들의 멘토리들이 분별을 준비하는 이러한 곳으로 나아오도록 부드럽게 돕는다. 그들은 다른 사람들을 위하여 분별하는 사역을 하려고 하는 것이 아니라 오히려 공동 분별의 과정을 조성하려는 것이다. 그들은 바른 질문을 하기 위하여 가장 중요한 문제를 탐구하기 위하여 그리고 일이 바른 방향으로 움직이고 있을 때 신호를 보내기 위하여 분별의 은사를 사용한다. 그들의 기도는 빌립보 교회를 위한 바울의 기도와 같다.

> 내가 기도하노라 너희 사랑을 지식과 모든 총명으로 점점 더 풍성하게 하사 너희로 지극히 선한 것을 분별하며 또 진실하여 허물없이 그리스도의 날까지 이르고(빌 1:9-10).

그들은 의존 관계 안에 멘토리들을 묶어 두려 하지 않고 오히려 그들 자신이 하나님의 음성을 스스로 들을 수 있을 만큼 성숙하도록 자유롭게 한다.

스티븐 브라이언트(Stephen Bryant)는 말한다.

> 영적 분별력은 항상 현존하는 안내자(하나님-역주)가 개인과 교회를 진리와 사랑의 길로 인도하기 위해 임재 하신다는 우리의 신앙을 작동하게 한다. 그것은 우리가 믿는 성령의 바람이 항상 불어 교회가 그리스도께 더 가까이 가고 서로

에게 더 가까이 가며 하나님께서 뜻하는 세계에 더 가까이 다가가도록 항해의 길을 개척한다.[28]

분별의 과정을 통해 우리는 바른 길, 진리와 사랑의 길로 인도되기를 추구한다. 우리는 우리 자신의 마음을 알고, 우리 삶에서 하나님께서 하시는 일을 해석하며, 어떤 행동이 과도기에 취할 수 있는 가장 알맞은 행동인지를 결정하기 위하여 분별력이 필요하다. 주의 깊은 경청과 적절한 질문과 가능한 것들을 제안함으로써 영적 멘토들은 성령의 도움으로 그들의 멘토리들을 바른 방향으로 안내하려고 한다.

도덕적 선택 사항들 중에서 바른 길을 분별해야 한다면 "예수님이라면 어떻게 하셨을까?"라는 질문을 하는 것이 보통이다. 여기서 우리 자신의 윤리적 질문과 관련이 있는 예수님의 삶과 가르침과 그분이라면 어떻게 응답했을 지를 알아보고 그분의 본을 따르는 것으로 여겨지는 것만을 행하도록 해보자.

또 하나의 일반적인 원리는 우리가 성경 말씀의 가르침일 것이라고 이해하는 것에 그 행동이 알맞은지를 살피는 것이다. "성경 말씀은 뭐라고 말하는가?"는 또 하나의 핵심 질문이다. 다시 말하면 우리는 성경이 가르치고 있는 것과 반대되는 방식으로 행하기를 원하지 않는다. 그래서 이 원리는 하나의 분별하는 방식이 된다.

다른 문제들은 분별하기에 그다지 명백하지 않아서 허용되는 두 개 이상의 방향을 검토해야 하는 경우이다. 경험이 풍부한 미

28　Stephen Bryant, "What is Spiritual Discernment by Consensus?" in *Raising People to a Lifestyle*, Volume 2, Issue 1, p. 2.

국의 영적 지도자 지넷 백(Jeanette Bakke)은 그녀가 사용하는 분별에 대한 접근방법을 다음과 같이 간략히 설명하고 있다. 분별에 순서가 정해져 있는 것은 아니지만 그 과정에 공통적인 요소들이 있다.[29]

> 의도적으로 성령이 우리에게 말씀하시도록 초대하면서
> 그의 의도를 깨닫고 그것을 정확하게 해석할 수 있는
> 은혜를 구한다.
> 분별 과정의 초점이 무엇인지—우리가 추구하고 있는 것이
> 무엇인지 결정한다.
> 성경 구절, 기도 그리고 정보를 모으고 평가하는 다른
> 수단들을 사용한다.
> 분별 과정 내내 계속 기도한다.
> 임시 해결 방안에 도달한다.
> 그 해결 방안을 검토한다.
> 그 결정을 바탕으로 앞으로 나아가고 무슨 일이 일어날지
> 주목한다.

분별의 과정과 연계된 것은 우리가 하나님의 인도하심을 깨닫고 따르기로 할 때 우리의 마음이 평화롭고 안정되며 잠잠해지게 된다는 믿음이다. 이것은 종종 그러한 상황에서 하나님의 평화가 "심판"으로써 행한다고 말하고 있는 골로새서 3:15 말씀을 기초

---

29 Jeanette Bakke, *Holy Invitations*, Baker Books, 2000, p. 218.

로 한다. 물론 특히 추구하는 것이 우리가 결정한 것이라면 우리 자신을 스스로 속이고 바르지 못한 행동에 '평안'해 질 수 있다. 이 영역이 바로 객관적인 멘토의 존재가 우리를 자기기만에 빠지지 않도록 우리를 구해 줄 수 있는 곳이다.

일반적으로 말하면 우리가 진실로 하나님의 뜻에 마음을 열면 그것이 무엇이든지 옳은 선택을 하였을 때 우리의 생각과 감정 사이에 내적으로 깊은 조화를 경험하게 된다고 가정할 수 있다. 이것은 바울이 사도행전 15장에서 예루살렘 공의회의 협의를 따르는 것에 대해서 "성령과 우리에게 요긴한듯하다"(28절)고 말하는 것과 같은 일종의 정렬(혹은 내적 안정)이다. 그 결정이 희생이 큰 것일지라도 평화롭게 되고, 도중에 난관을 만나더라도 내적 확신이 있다.

로욜라의 이그나시우스의 영적 연습을 (다시) 언급하지 않고 분별력과 분별의 과정을 말할 수 없다. 1491년 부유한 스페인 가정에서 태어난 이그나시우스는 군인이 되었지만 전장에서 상해를 입었다. 건강을 회복하는 동안 그는 자기 스스로 묵상하면서 그리고 그 당시에 그에게 있었던 예수님의 생애에 대한 책만 읽으면서 그리스도께 회심하였다.

이그나시우스는 신앙이 빨리 성장하였고 다른 사람을 하나님과의 더 깊은 경험에로 인도하는 은사가 있었다. 그는 로마 가톨릭 내에 갱신의 촉매제였고 다른 영적 지도자를 위한 안내자로서 지금 유명한 영적 연습이라는 형태로 다른 사람을 돕는 글을 저술하였다.

그것은 원래 리트리트에서 정해진 30일 동안 사용되도록 의도되었지만 그 내용에 포함된 원리는 다른 상황에도 알맞도록 폭넓게 변경되어 왔다. 의심할 바 없이 그것은 영적 지도 사역을 발전시키는데 형성적으로 가장 많은 영향을 주었으며, 이그나시우스 학파의 영성은 현대 리트리트 운동의 형성에 지대한 영향을 미쳤다. 그의 영적 연습은 영적 안내자의 도움을 통해 사용되도록 고안된 4주 회기로 나누어져 있다.

첫 번째 주간에는 삶의 파편들을 없애고 경청하려고 우리 자신을 준비시켜 우리의 동기와 욕구를 살펴보는 식으로 자기 검증을 한다.

두 번째 주간에는 복음서 이야기에 집중하고 상상력을 통해 이야기 속으로 들어가서 그리스도와 그리스도를 닮는데 초점을 맞추려고 한다.

세 번째 주간에는 예수님이 우리에게 행하여 주신 모든 것에 감사하지만 우리의 고난을 그의 고난에 연결시켜서 우리의 제자도를 더 깊어지게 하도록 하면서 그리스도의 수난에 집중한다.

네 번째 주간에는 하나님의 사랑에 집중할 때 하나님과의 친밀감에 자라가는 것을 격려하면서 그리스도의 부활을 축하한다.

이 네 단계는 많은 영적 멘토들이 특히 리트리트 상황에서 사용하는 하나의 패러다임이 되었다. 그 단계들을 따라가면, 예수님께 주의를 돌리기 전에 오랫동안 우리 자신을 열심히 살피는 것을 시작한다. 그 후 그리스도처럼 되려고 그리고 그리스도의 섬김에 우리 자신을 준비하는데 초점을 맞춘다.

이 과정 내내 다양한 형식의 기도와 개인적 성찰의 중요성, 성경을 읽는 여러 방법과 우리 삶에서 하나님의 사역을 분별할 수 있게 하는 실천 방법들에 대한 강조가 있다. 이 프로그램의 총체적 효과는 "그리스도에 대한 친밀한 지식, 즉 나는 그와 함께 있을 수 있고 그처럼 되며 그를 위해 살 수 있다"라고 요약되어 왔다.[30]

무엇보다도 이그나시우스는 우리 자신의 마음의 움직임을 분별하도록 돕는다. 그는 그의 영적 연습 안에 우리 안에 자리 잡고 있는 것을 깨닫도록 돕는 몇 가지 실천적 규칙을 포함시킨다.

많은 복음주의적 지도자들은 감정보다 사실에 의지하라고 촉구하는 반면 이그나시우스는 우리의 감정을 받아들이고 하나님께서 실제로 무엇을 하고 계신지를 더 의식하게 되는 방식으로써 우리 영혼 안에서 무엇이 일어나고 있는지를 주목하라고 격려한다.

이그나시우스에게 영들을 분별하는 것은 영이 우리의 감정과 행동에 영향을 주는 것을 주목하여 그것들을 구별함으로써 좋은 것을 받아들이고 나쁜 것을 거부하는 것이다. "영들"이라함은 가슴을 휘젓는 정서(기쁨, 슬픔, 소망, 두려움, 평화, 불안 등과 같은)와 함께 생각과도 관련이 있어서 신앙생활과 하나님을 향한 진보 모두에 영향을 주는 것에 관하여 말하는 것이다.

이그나시우스는 영혼을 뒤흔드는 것들을 "위안"(consolation)과 "황량함"(desolation)과 동일시한다. 그는 이 단어들을 특정한 의미로 사용한다. "해를 향하다"라는 의미의 라틴어 어근에서 온 위안이라는 단어는 하나님을 향한 움직임을 말하며 그것은 신앙과 사

---

[30] Alex B, Aronis, *Developing Intimacy with God*, Union Church of Manila, 2002, p. 7.

랑과 하나님의 뜻을 행하기 위한 갈망을 강화시킨다. 그러나 "해에게서 멀리 떨어지다"라는 라틴어 의미를 가진 "황량함"이라는 단어는 하나님께로부터 우리를 멀리 떨어지게 하는 움직임을 묘사하며 신앙과 사랑과 하나님의 뜻을 행하려는 갈망을 약화시킨다.

이그나시우스는 첫 번째 주간에 분별의 규칙을 세운다. 왜냐하면 첫 주는 자기 인식의 기간이고 우리 마음의 방향이 하나님을 향하는지 그렇지 않은지를 명백하게 분별해야 할 때이기 때문이다.

그러면 위안은 우리가 하나님을 향한 사랑이 가득할 때 일어나는 영혼의 내적 움직임이다. 그것은 하나님의 사랑을 우리 가슴 안에 부어주는 성령(롬 5:5)에 의해서 우리 안에 만들어지는 움직임이다. 그것은 엠마오 도상에의 두 제자들처럼 가슴 속에서 뜨거워지는 일종의 경험이다(눅 24:32). 그것은 성령이 우리의 영과 함께 우리가 하나님의 자녀인 것을 증언(롬 8:16)하는 것으로 우리에게 내적으로 보증과 확신을 가져다준다.

이러한 위안의 순간은 일이 잘 되어가고 있을 때뿐만 아니라 우리가 어려움과 시험에 직면에 있을 때도 일어난다. 하나님은 우리 가까이 오셔서 그가 우리와 함께 계심을 상기시키신다. 우리는 그러한 순간을 두려워하지 말아야 한다. 왜냐하면 그 순간은 종종 우리가 하나님의 뜻을 실천하고 있음을 확증해 주는 것으로 우리에게 필요한 순간이며, 그것은 신앙과 헌신을 하도록 우리를 감화시키기 때문이다.

황량함은 반대로 우리가 무감각하여 하나님께 냉담할 때 느끼는 영혼의 상태를 묘사한다. 겉으로 보기에는 모든 것이 좋을 수 있지만 내적으로는 기도나 예배에 대한 갈망이 거의 없고 그 대신 우리의 마음은 세상의 것에 끌려들 수 있다.

우리가 절망하고 포기하고 싶을 때 영혼의 어둠, 즉 하나님과 분리된 느낌을 느낄 수 있다. 시편의 기자처럼 "내 영혼아 네가 어찌하여 낙심하며 어찌하여 내 속에서 불안해 하는가"(시 42:5)라고 우리는 외친다. 자연적 원인(병이나 피로 등)에 의해 그러한 순간이 있을 수 있지만 때로 하나님께서 우리를 바르게 하시거나 우리 신앙을 검토하여 겸손히 성장하도록 돕는 시간을 허락하신다.

이그나시우스는 우리가 그러한 황량한 순간을 통과해 나아갈 때 도움을 줄 수 있는 몇 가지 명백한 안내 지침을 제공한다.

첫째, 그러한 순간에 진행 방향을 바꾸지 말고, 가도록 결정한 것을 바꾸고 싶은 마음을 거부하라. 다른 말로 하면 빛이 있을 때 하나님께서 하신 말씀을 어둠이 찾아온다고 의심하지 말라는 말이다.

둘째, 마음이 아무리 무겁더라도 기도와 예배와 섬김으로 인내하라. 사실, 하고 싶은 것과 정반대로 하라는 말이다. 비록 기도하는 것이 어려울 지라도 가장 기도하고 싶지 않을 때가 사실 기도하기 가장 좋은 때이다. 구름이 걷히고 해가 다시 비칠 것을 기대하라.

개인의 마음에 무엇이 자리하고 있는지를 분별하도록 돕는 것이 얼마나 중요한지 명백해졌을 것이다. 우리는 기분이 그들 안에서 작동하는 것과 이것이 그들을 데리고 가는 방향, 즉 하나님을 향하여서인지 아니면 하나님으로부터 멀리 떠나는 방향인지를 분별하도록 도울 필요가 있다. 이것을 인식하면서 하나님의 영의 움직임에 따라서 알맞게 행동하거나 자기나 사탄으로 가득하게 되는 것을 저항할 수 있어야 한다. 따라서 분별의 과정에 세 가지 단계가 있다.

- 내적으로 일어나는 것을 인식하라.
- 그 움직임이 어디에서 온 것인지를 알아보라.
- 이 움직임을 수용하든지 아니면 거절하든지 하라.

우리가 실수하거나 실패하지 않게 하거나 완벽하게 보증하거나 할 수 있는 인간의 방법은 없다. 우리는 때로 불확실성과 애매함과 신비함을 그대로 가지고 살아야 할 것이다. 그러나 분별 연습은 삶의 양식이 될 수 있고, 이것이 우리가 멘토하는 사람들의 삶에서 발달되기를 우리가 소망하는 것이다. 이 여정을 함께 하면서 그들이 스스로 방향 감각을 발달시킬 것이라고 우리는 믿는다.

제 8 장
로드맵과 지침서: 통찰의 과정 안내

나는 지도를 좋아한다. 여행 중 낯선 곳에 갈 때면 언제나 내가 가장 처음 하는 것은 그 지역의 지도를 사서 방향 감각을 얻으려고 하는 것이다. 위성 내비게이션이 있는 요즘에도 나는 운전할 때 믿음직한 지도를 여전히 사용한다. 실체 없는 목소리가 왼쪽 혹은 오른 쪽으로 가라고 말하는 대로 하기보다는 나 스스로 길을 찾아내는 도전을 즐긴다.

영적 여정에서 우리가 어디에 있고 앞에 무엇이 있을지에 대한 정보를 가지는 것은 도움이 된다. 물론 성경이 방향 감각을 주지만 체계적으로 꼼꼼히 계획을 세워주는 것은 아니다. 예수님이 길이므로(요 14:6) 우리의 눈을 그분과 그분이 촉구하는 것에 고정하기만 하면 길을 잃지 않을 것이다. 그러나 우리가 다른 사람의 영적 여정을 도우려 하며 그들의 영성 형성을 세우려할 때 일반적인 그리스도인의 성장 패턴이라 부를 수 있는 것에 대한 개요를 알고 있는 것이 유용하다.

물론 우리는 "로드맵"에 비중을 크게 두지는 않는데, 그것은 어떤 여행이든지 항상 같지 않기 때문이며, 우리 자신의 경험을 하나의 고정된 틀로 다른 사람에게 적용하고 싶지 않기 때문이다. 그럼에도 불구하고 그 여정이 어디로 가고 있는지에 대한 정보는 여전히 도움을 줄 수 있다.

본 장에서는 내가 가장 유용하다고 생각하는 그리스도인의 영적 여정에서 필요한 "지도와 안내서"에 관하여 나누고자 한다.

내가 속한 복음주의 전통은 보통 그리스도인의 삶을 뚜렷한 세 단계, 즉 칭의(하나님에 의해 의롭다함을 인정받음), 성화(그리스도처럼 되어가는 과정) 그리고 영화(천국에서 우리를 기다리는 모든 것)로 묘사한다. 실제로는 영성을 고려하는 한 두 단계, 즉 신앙을 가지기 시작하여 회심을 하는 단계와 제자도로 따르며 섬기는 삶을 사는 단계로 줄어든다. 곧바로 하나님을 위한 일을 하는 것에 모든 초점을 맞추게 되고 종종 내적 삶에는 거의 주의를 기울이지 않는다.

시인하건데 현재 영성 형성에 대한 관심이 증가하고 있지만 일반적으로 복음주의자들은 영성에 빈약해 왔다. 이것은 현대 복음주의자들이 복음주의적 전통 안에서 영적 성장의 정체기에 도달했다고 느끼고 더 성장하고 싶다면 그들의 전통 밖에서 뭔가를 찾아볼 필요가 있는지 그 이유를 설명해 준다.

로마 가톨릭 영성은 반대로 내적 여정에 지대한 관심을 보여 왔으며 이것은 여러 영적 고전들에 반영되고 있다. 네 단계의 성장 과정이 보통 알려져 있다.[31]

---

31 Robert Mulholland, *Invitation to a Journey*, IVP, 1993, pp. 79-101을 보라.

- **각성**

이것은 영혼에서 하나님의 첫 번째 움직임이며 하나님의 현존과 우리의 사악함을 인식하게 됨을 말한다. 이것은 위로이기도 하며 위협도 된다. 그리고 우리가 응답할지 하지 않을지에 대한 선택권을 남겨준다. 어떤 사람들에게는 온전히 새사람으로서의 삶의 양식을 살려고 결정하기 전에 힘든 투쟁이 있게 된다.

- **정화**

이것은 하나님의 뜻에 따르려는 행동과 태도와 갈망을 가져오는 단계를 말한다. 처음에는 우리가 지은 분명한 죄를 회개하고 과거와 확실하게 선을 긋는 것을 의미한다. 나중에는 반드시 잘못된 것은 아니지만 우리가 더 나아가는데 도움이 되지 않는 것들을 다루게 된다.

우리 삶에서 "사각지대," 즉 무의식적으로 지은 죄와 성령이 우리에게 계시하는 것을 놓치는 문제들을 다룰 때 더 많은 성장을 가져온다. 마지막으로 우리 마음속의 동기와 내적 태도가 하나님의 뜻과 동일 선상에 있는지 점검할 수 있다.

- **조명**

이 단계에서 우리는 하나님께 우리 자신을 드린다. 하나님께서 우리 삶의 주인이 되시고 우리의 뜻을 그분의 뜻에 복종하게 한다. 평생 동안 하나님을 신뢰하는 것을 배우고 그분의 임재를 우리 안에서 더 많이 발견한다. 기도는 이제 교통이 되고 성령은 우리 삶에서 성령의 열매를 풍성하게 맺을 수 있다. 자기중심에서 해방되어 우리 삶은 헌신적 섬김과 사랑의 사역을 통해 다른 사람에게 영향을 미칠 수 있다.

• **연합**

이제 우리는 하나님과 완전히 하나 되는 복을 누린다. 가장 훌륭한 결혼-둘이 하나가 되는 것-과 유사하게 그에게 모든 것을 포기하고 맡긴다. 이 단계는 깊은 영적 환희의 시간과 관련이 있지만 또한 버림받은 것처럼 보이는 순간이기도 한다. 이 순간은 감각의 어두운 밤이라 불리기도 하는 순간 혹은 더 깊은 경험, 즉 영혼의 어두운 밤-하나님이 우리가 필요하고 갈망하는 모든 것임을 발견하기 위하여 홀로 남겨졌을 때를 말한다.

그리스도인의 고전적 순례를 묘사할 때 사용되는 용어들이 어떤 사람들에게는 낯설 수 있다. 그러나 마지막 단계인 연합의 단계를 제외한 성장 단계들은 쉽게 알 수 있을 것이라고 생각한다. 이것은 부분적으로 이 단계에 도달하는 사람이 극히 적기 때문이기도 하며, 그들이 이 단계에 도달했을 때 "신비가"로 분류되어 다른 사람들에게 잘 이해를 받지 못하기 때문이기도 하다.

목적이 이끄는 현대의 교회는 이와 같이 "다른 세계"의 것으로 생각되는 것을 위한 시간이 거의 없다. 그리고 내적인 면을 발달시키기 위해서는 일련의 시간과 공간이 요구되기 때문에 그들의 삶 자체가 많은 기회를 제공하지 못한다.

더 나아가 성경 말씀에 의하면 우리가 이미 소유한 하나님과의 연합을 이루려 애쓸 수 있는 진짜 위험이 여기에 있다. 은혜로 우리는 하나님과 하나가 되었고 포도나무에 달린 가지처럼 그와 연합되었다(요 15:5). 이것이 영성에 대한 복음주의적 접근과 로마 가톨릭의 접근 간에 주요한 다른 점들 중의 하나라고 생각한다.

복음주의자들은 우리가 아직 이루지 못한 것을 이루려고 노력하기 보다는 "은혜로 이미 이루어졌다"는 진실을 훨씬 더 강조한다. 우리는 분명히 이미 "그리스도 안에"(고후 5:17) 있는 사람들처럼 우리의 정체성을 자라게 해야 한다. 그러나 우리가 우리 자신의 노력으로 거기에 도달할 필요가 없다. 하나님께서 나를 "그리스도 안에"(고전 1:30) 자리하게 한 사실은 우리 일상의 현실에서 그와 하나가 되게 하기에 충분한 혜택이다.

그러나 그것이 우리에게 상기시키는 것은 하나님을 알아가는 문제에 있어서는 성취해야 할 것이 여전히 많이 있다는 사실이다. 우리들 중에 성취했다고 말할 수 있는 사람은 아무도 없다. 발견하고 탐험할 것들이 항상 더 있다.

캘리포니아에 있는 풀러신학교의 교수인 보비 클린턴(Dr Bobby Clinton) 박사는 또 다른 "로드맵"을 개발했다. 이것은 개인적으로 내게 매우 유익했다. 그것은 그의 성경과 그리스도인들의 전기를 읽고 연구한 것에 기초하고 있으며 지도자들을 지도할 때 특히 적절하다.[32] 그는 지도력 개발의 6단계를 밝히고 있다.

---

[32] Dr. Robert Clinton, *The Making of a Leader*, NavPress, 1988.

● 주권의 기초

하나님은 우리를 그 자신에게 이끌기 위해서 뿐만 아니라 후에 사역에서 사용될 성품을 우리 삶 속에 세우시기 위하여 우리 상황과 삶의 경험 속에서 섭리하신다.

● 내적 삶의 성장

지도자는 비공식적 멘토링이나 더 공적인 훈련을 통해서 목회 사역을 준비한다. 하지만 다른 중요한 교훈은 시험에 처하며 하나님의 뜻에 순종하면서 기도와 하나님 음성을 듣는 것에 관하여 배울 때 얻는다. 이 때 품성이 더 계발되고 그 중에는 목회 사역과 연관된 것들도 포함 될 것이다.

● 목회의 성숙

지도자는 이제 자신의 영적 은사를 알아차리고 사용하기 시작한다. 그리고 그리스도의 몸 안에서 복잡한 대인관계에 관하여 배우기 시작한다. 하나님은 성과가 아니라 잠재력을 고려하며 지도자를 통해서가 아니라 지도자 안에서 먼저 일하신다. 사역의 결과를 보기 원하는 젊은 지도자들에게는 이것이 실망을 줄 수도 있다.

● 삶의 성숙

이제 은사를 알아차렸으니 지도자는 "목회는 존재에서 흘러나온다"는 것을 발견하면서 효과적이며 결실 많은 사역을 시작한다.

소외와 위기와 갈등의 때가 있을 수 있다. 하나님과의 교통은 이 단계에서 더 중요하게 된다.

• **집중성**

하나님은 지도자에게 한 역할을 감당하게 하는데, 그 역할로 그들은 그들 자신이 되고 그 역할에 알맞게 행하게 되어서 많은 열매를 맺을 수 있게 된다. 은사와 경험과 목회 사역은 만족스러운 결과를 가져온다. 사람들이 모두 이 단계에 도달하는 것은 아니므로 이 때에는 지도자가 자신의 최상의 효과를 내게 하는 역할을 찾아낼 수 있도록 돕는 데 집중해야 할 필요가 있다.

• **회상 혹은 축하**

일생에 걸친 목회 사역 후에 폭넓은 차원에서 인정을 받고 젊은 지도자들에 끼친 영향의 결과를 보게 된다. 다른 사람들을 안내하면서 시간을 보낸다.

클린턴의 모델이 원래 지도력 개발을 염두에 두고 설계되었지만 우리는 거기에서 모든 사람들에게 공통적으로 적용되는 성장의 단계들을 살펴볼 수 있다. 지도자들은 특히 영적 멘토링을 받아야 할 필요가 있으며, 특히 목회 사역의 과도기에 있을 때 더욱 그러할 것이다. 클린턴은 그가 "과정 목록"이라고 부르는 것을 밝히고 있다. 그것은 하나님께서 우리를 형성하고 발달시킴으로 우리의 삶 속으로 들어오도록 허락하는 활동들, 사람들 그리고 문제들이다. 현명한 멘토는 지도자의 역할을 담당하는 사람의 이야기를 경청할 때 이러한 것들을 살펴볼 것이다.

내게 가장 도움이 되었으며 내 자신의 경험을 가장 정확하게 묘사한다고 생각하는 (그래서 내가 멘토링에 접근할 때 사용하는) 모델은 자넷 해그버그(Janet Hagberg)와 로버트 굴리히(Robert Guelich)의 『더 깊은 믿음으로의 여정』(*The Critical Journey*)에서 제안한 것이다.[33] 그들은 신앙의 여정에서 이정표로 삼으려고 한 것을 일곱 단계로 제안한다.

● 하나님 인식

이 단계에서 우리는 먼저 늘 우리와 함께 해온 하나님의 존재에 대한 자연스러운 인식을 통해서 혹은 하나님이 만드신 세계에서 우리가 하나님을 만날 때 느끼는 경외심을 통해서 혹은 용서의 필요를 느끼거나 삶의 문제들로 도움을 느끼는 것을 통해 하나님을 인지하게 된다. 이 단계의 신앙은 어린아이 같고 열정적이다.

● 제자의 삶

이제 우리는 다른 신자들과 관련을 맺고 하나님에 관하여 더 배우기 시작한다. 한 그룹의 일부가 되기 위하여 해야 하는 것을 배우고 우리가 존경하는 지도자를 잘 따른다. 우리의 은사와 고유한 공헌을 알게 되고 책임을 질 수 있다. 이 단계의 신앙은 안정적이며 우리가 믿는 것에 대하여 옳다고 여긴다. 이 단계에서 우리는 훌륭한 신봉자가 되고 그로 인해 행복하다고 느낀다.

---

[33] Janet Hagberg and Robert Guelich, *The Critical Journey*, Sheffield Publishing Company, 2005.

- **성과 있는 삶**

이제 신앙은 하나님을 위해 일을 함으로써, 신앙 공동체에서 고유한 위치를 찾아 책임을 더 감당하고 지도자가 되면서 더욱 표현된다. 이 단계에서는 성과와 성공이 강조된다. 역할과 직함과 인정이 매우 중요하게 된다. 우리가 더 훈련을 받고 "전임" 목회 사역에 대한 결정을 할 시기가 이때이다.

- **내적 여정**

여기서 신앙은 하나님을 다시 발견한다. 이것은 신앙의 위기를 통해서 그리고 확실성의 상실과 함께 올 수 있다. 새로운 방향을 찾아볼 수 있으나 꼭 답을 얻기 위한 것은 아니다. 외적 세계에 너무 치중하여 살아 왔기에 이제 내적 세계에 주의를 돌린다. 우리 자신의 이해나 전통의 "상자"에서 하나님을 풀어 놓는다.

- **벽**

엄밀히 말하면 네 번째 단계(내적 여정)의 일부이지만, 이 단계의 경험은 매우 중대하여 분리하여 취급된다. "벽"은 우리의 뜻이 하나님의 뜻을 마주보고 만나는 것을 나타낸다. 우리는 우리가 기꺼이 하나님께 순복하고 하나님께서 우리의 삶을 인도하도록 맡길 것인지 새롭게 결정한다.[34]

이것은 영적 여정에서 최고의 순간이지만 종종 신비에 싸여 있고 모든 사람이 이해하기는 어렵다. 우리의 모든 방어나 거짓 정

---

[34] Hagberg and Guelich, *The Critical Journey*, p. 114.

체감은 드러나고 우리와 하나님 사이에 만들어진 벽은 무너지기 시작한다. 우리는 수반된 고통을 잘 저항할 수 있지만, 우리가 "그 벽"을 통과할 의지가 있으면 치유와 용서와 하나님에 의해 받아들여지고 그의 무조건적인 사랑을 인식하는 시간이 될 것이다. 고요와 침묵은 우리의 영적 여정의 일부가 된다.

- **외적 여정**

신앙은 이제 하나님께 더욱 온전히 순복한다. 하나님의 무조건적 사랑을 통해 그에게 더욱 가까이 이끌리며 우리는 새로워진 소명감과 사역에 대한 감각을 가진다. 우리 자신 안에 있는 쉼의 장소에서 작업하면서 우리는 이제 성공에 대한 갈망이 아니라 이타적 사랑의 입장에서 다른 사람의 필요에 집중하며 힘을 얻는다.

- **사랑의 삶**

신앙은 이제 우리 안에 형성된 그리스도를 보고 그의 뜻에 온전히 순종하는 삶을 살기 시작하면서 하나님을 반추한다. 영적 여정에서 얻은 지혜는 다른 사람을 돕기 위해 사용되며 지위와 권력을 위해 힘겨운 노력과 같은 앞선 단계들의 양상들로부터 해방된다. 우리 자신에 대해서 크게 만족하며 우리는 다른 사람을 향하여 진정으로 긍휼함을 느낀다.

해그버그와 굴리히는 이 단계들은 매우 유동적이며 단계들 간에 많은 움직임이 있다고 지적한다. 그들은 우리가 어떻게 어느 특정한 단계에 묶여 있을 수 있는지를 또한 설명하고 우리가 여정을 계속해 가게 하는 요소들을 밝히고 있다. 흥미 있는 것은 두 저자는 특히 세 번째 단계 이상으로 계속 나아가려면 그리고 "벽"을 대변하고 있을 때 영적 멘토링이 필요하다고 명백하게 지적한다.

더 목표 지향적인 교회들은 그들의 교인들을 "성과 있는 삶"의 단계에 머무르게 하는 기득권 같은 것을 가지고 있다. 그들이 영성 형성과 내적 삶의 발달을 강조하지 않는 여러 이유들 중의 하나는 많은 프로그램과 프로젝트를 제자리에 넣고 배치할 수 있는 활동적으로 바쁘게 일하는 사람들이 필요하기 때문이다.

교회의 삶을 발달시키는 데 있어 우리는 종종 섬김을 받을 필요가 있는 기계를 만들고 그것이 잘 돌아가도록 작동시킬 사람들이 필요하다. 교인들이 하나님과의 여정을 따라갈 시간과 공간을 허락할 수 없게 된다. 그것을 의식하지 못하면 교회 자체는 하나님을 궁극적으로 추구하는데 가장 큰 장애물 중의 하나가 될 수 있다.

여기서 볼 수 있는 것은 교회 지도자들에게 전체 회중에 대한 책임이 있을 때 개인의 영적 여정을 어떻게 유지하게 할 수 있을 것인가에 대한 질문이 일어난다는 것이다.

특정한 개인적 필요에는 우리가 얼마나 초점을 맞추어야 하고 교회 전체 회중의 좀 더 일반적인 필요에는 우리가 얼마만큼 집중해야 하는가?

많은 제자 훈련 프로그램들은 모든 사람들이 같은 단계이며 같은 도움을 필요로 한다고 가정하지만 정말로 그러한가?

영성 형성 운동의 통찰력을 기독교 교육에 어떻게 포함시킬 수 있을까?

개인의 영적 여정을 어떻게 정말로 존중할 수 있을까?

신학교육과 목회 훈련을 하는 사람들에게도 이것은 안건이 될 수 있다. 훈련을 받고 있는 학생들이 개인적 성장도 함께 하도록 어떻게 도울 수 있을까?

그리고 생생하고 적절한 영성을 위해 교인들과 더 넓은 사회에서 증가하는 갈망에 접근할 수 있도록 그들이 영성 형성에 관련된 것을 충분히 파악하고 있다는 것을 어떻게 확신시킬 수 있을까?

다문화사역자(cross-cultural workers)를 준비시키고 돌보는 사람들에게도 이것은 똑같이 적용된다.

그들이 한번 힘든 사역 상황으로 들어온 다음에도 지속적으로 하나님을 즐거워하고 영적인 성숙을 계속할 수 있다고 확신시킬 수 있을까?

그들의 섬김의 시간이 그들에게 영적인 탈진과 영양실조를 초래하지 않도록 그들을 어떻게 준비시킬 수 있을까?

우리가 소개한 모델들 중 어느 하나라도 영적 성장 유형에 대한 최종의 모델이라고 제기할 수 없을 것이다. 그리고 모든 모델들은 어떤 단계들을 제안하겠지만 우리의 삶은 추상적 모델이 제안하는 것만큼 그렇게 정돈되거나 예상 가능한 것은 결코 아니다. 그것들은 우리의 영적 여정을 일반화시키는데 적합지만 가치 있는 하나의 목적만 만족시킨다. 그 모델들은 우리가 여정 중에서 어디쯤 있는지 뿐만 아니라 다른 사람들은 어디에 있는지를 알 수 있게 해 주며 "모든 여정이 유사하지만 모든 여정이 다르다"[35]는 것을 기억하게 한다.

내가 간단히 요약한 "로드맵"은 우선 다른 사람을 안내하는 사람들에게 유용하다. 사실 특정한 모델을 어떤 사람 앞에 놓고 "이것 봐, 당신은 여기에 있고 이것이 당신에게 일어나는 일입니다"라고 말하는 것을 도움이 되지 않을 수 있다. 개인들과 일하고 있을 때 그리스도인의 여정이 어떠한가에 대한 생각을 염두에 두고 있는 것은 도움이 된다.

나는 사람마다 각각 다른 모델을 사용하지만 내가 스스로 질문한다.

"이 사람이 자신의 여정에서 어디에 있는가?"

"그들에게 일어나는 일이 그들에게 해당하는 단계에 어떻게 영향을 미치는가?"

"그들이 다음 단계로 나아가게 하기 위하여 성령이 어떻게 일하시는가?"

그런 후 나는 그 사람이 앞으로 나아가는 것을 스스로 볼 수 있도록 돕기 위하여 내가 얻은 통찰을 사용할 수 있다.

---

[35] Hagberg and Guelich, *The Critical Journey*, p. XXV.

제 9 장
긴급출동 서비스:
영적 멘토링의 주요 이슈

 어둡고 춥고 비가 오며 바람이 부는 저녁에 나는 영국 남쪽에서 북쪽에 있는 집으로 돌아가는 중이었다. 집으로 가는 여정은 영국에서 가장 번잡한 런던 외곽의 고속도로인 M25 위를 달리는 것을 의미했다. 퇴근시간이었고 고속도로의 모든 차선은 목적지에 도착하기 위해서 서두르는 사람들로 가득했다. 그때 일이 일어났다-계기판의 빨간 경고등이 켜졌다.
 나는 대안 없이 고속도로 갓길에 차를 대고 도움을 구하는 전화를 해야 한다는 것을 알았다. 그곳은 홀로 있기에는 외롭고 위험한 곳이었지만 다행히도 나는 차가 고장이 났을 때 긴급출동 서비스를 제공하는 기관에 가입해 있었고 도움이 오기까지 그리 오래 걸리시는 않았다. 도움을 줄 긴급출동 서비스 차가 내 옆에 멈춰 서는 것을 보는 것이 얼마나 기쁘던지!
 친절한 그 사람의 존재는 내게 필요한 안심과 숙련된 도움을 가져다주었다.

그 사건은 내게 성령의 사역을 상기시켜준다. 요한복음에서 그는 위로자 혹은 상담자로 불리지만 거기에서 사용된 헬라어(paracletos)는 실제로 보혜사 즉 "도움을 주기 위하여 곁에 오는" 사람을 말한다(요 14:26; 15:26; 16:7). 집으로 가는 여정에서 긴급출동 서비스가 내게 해준 것과 같은 것을 성령은 우리의 영적 여정에서 해준다. 그는 우리가 위로와 상담과 도움이 필요할 때 우리 곁에 오신다. 그는 그 순간에 가장 알아야 하는 진리로 우리를 부드럽게 인도한다(요 16:13).

성령은 참된 영적 멘토이며 항상 우리와 함께 계시며 항상 우리의 도움이 되기 위하여 오신다-하지만 그는 종종 다른 사람을 통하여 우리를 목양하신다. 영적 멘토들은 하나님의 순례자들 곁에 오시는 과정 중에 있는 성령과 협력하려는 사람들이다.

사람들이 멘토의 도움을 찾으려하는 것은 매우 다양한 필요와 상황 때문이다. 경험이 많은 영적 지도자 피터 볼(Peter Ball)은 "그들에게 공통적으로 있는 것은 삶의 의미를 더 깊이 더 진지하게 찾고자하거나 하나님 신앙의 여정에서 도움을 찾고자 하는 강한 의식이다"[36]라고 말한다.

우리는 직관적으로 우리와 여정을 함께할 동반자, 즉 우리의 이야기를 함께 나눌 누군가를 찾는다. 그 길이 힘들거나 외롭거나 어떤 길로 가야할지 확실히 모를 때 우리 곁에 다른 사람을 두는 것은 안정감을 준다. 간단히 말하면 멘토링 상황에서 일어나는 주요 이슈들을 성장, 고통, 안내라는 세 가지 제목으로 모아보았다.

---

[36] Peter Ball, *Intoducting Spiritual Direction*, SPCK, 2003, p. 13.

이 단어들은 영적 멘토링의 과정에서 나타나는 문제를 잘 요약한다. 각 영역을 차례로 살펴볼 것이다.

1. 성장에 대한 갈망

성장은 건강한 영적 삶의 자연스런 결과이다. 베드로 사도는 "우리 주 곧 구주 예수 그리스도의 은혜와 그를 아는 지식에서 자라 가라"(벧후 3:18)고 권고한다. 우리가 도달했다고 결코 말할 수 없다는 것이 함축된 의미이다. 항상 배울 것이 더 있고 헤아릴 수 없는 하나님의 사랑을 경험하는 것이 늘 새롭다. 성령은 우리 안에 의에 대한 갈망을 계속 만들어서 바울처럼 그리스도 예수께 잡힌바 된 그것을 잡으려고 계속 달려간다.

하나님과 친밀감을 키우고자 하는 갈망은 우리 삶에서 종종 표면으로 드러나는데 행사 활동이 이끄는 교회에서는 해소되지 않은 채 남아 있을 수 있다. 내적으로 이끄는 힘은 영적 성장에서 자연스런 단계인데 그것은 때로 많은 사람들로 하여금 그들의 교회 전통 밖에서 영적 멘토를 찾도록 이끈다.

내 경우 이것은 확실히 맞다. 십대에 회심하여 나는 빠르게 교회와 관련을 맺었고 신학교에 다녔으며 교회 지도자가 되었고 해외 선교사로 섬겼다. 내 생각에 나는 거의 30년 동안 "성과 있는 삶"의 단계에 있었으며 그 밖에 다른 것이 있는 것을 깨닫지 못했다. 그때 하나님께서 내 안에 그분과 친밀하기 원하는 갈망을 만들기 시작했다. 그것은 두 가지 방식으로 왔다.

첫째, 나는 얼마나 많은 그리스도인 사역자들이 나처럼 결국 탈진하게 되는 것을 보기 시작했고 그것은 나를 두렵게 했다. 왜냐하면 나도 종종 고갈 상태의 경계에서 살고 있다는 것을 알았기 때문이다. 나는 내가 경험하고 있던 것보다 그리스도인의 삶을 사는 더 나은 길이 있을 것이라고 생각하기 시작했다.

둘째, 하나님은 삶에 대해 더 관상적으로 접근하는 방법에 대해 말하는 사람들과 책을 나의 여정으로 제공하셨다. 그래서 나는 하나님과의 관계에서 더 깊이를 추구하기 시작했다. 이것은 내가 편안해 하는 영역 밖으로 나를 데리고 갔으며 나는 복음주의적이고 은사주의적인 나의 세상 밖을 탐험하기 시작했다. 이것은 내가 하나님을 찾는 여정에서 나의 멘토가 된 한 여성과 연락을 취하도록 하나님께서 인도했을 때이다. 그녀는 하나님을 만나는 그리고 그가 내게 하시는 말씀을 듣는 새로운 방식을 내게 열어 주었다.

나는 비슷한 여정에 있는 사람들을 많이 만난다. 그것은 이때의 성령의 특별한 사역을 되돌아보는 듯하다. 하나님을 여러 해 동안 섬겨온 사람들 중에서 하나님과 생동하는 관계를 더 갈망하는 사람들이 확실하게 증가하고 있음을 볼 수 있다. 그것은 마치 그리스도인의 삶이 하나님을 위해 일하는 것에 관한 것만은 아니고 그분을 깊이 친밀하게 아는 것에 관한 것이라는 사실에 눈을 뜨는 것과 같다.

영적 멘토로서 사람들이 그러한 관계로 나아가도록 돕는 것은 우리의 특권이다. 이것은 그들에게 하나님과 더욱 깊이 관계를 맺도록 도울 수 있는 어떤 영적 훈련을 소개하는 것을 의미한다. 예를 들면 고요함의 연습, 침묵의 가치 그리고 고독의 중요성 등을 말한다. 우리 머리에서 가슴으로 진리를 얻는 방식으로써 영성일지를 쓰는 것을 도움으로써 혹은 성경 말씀을 묵상하는 기쁨을 그들에게 상기시켜 줌으로써 그들을 더욱 성찰적 삶의 길로 인도할 수 있을 것이다. 우리는 하나님을 경험하는 다른 방식을 그들에게 소개할 수 있을 것이다.[37]

사람들이 그 방식을 찾는 것을 들을 때 우리는 그들의 인생을 바꿀 수 있는 길, 즉 하나님의 사랑하는 자녀로서 참된 정체감을 발견하도록 그들을 인도할 수 있다. 그 정체감은 무엇을 행하거나 성과를 내는 것에 달린 것이 아니라 우리가 그리스도 안에 있기 때문에 그리고 하나님의 사랑이 진정으로 무조건적이기 때문에 공고하게 된 것이다.

어떤 사람들은 기도 생활로는 영적 성장에 만족을 느끼지 못하기 때문에 경험이 더 많은 영적 여행자들의 조언과 도움을 찾아 나선다. 어떤 사람들은 기도가 어렵게 느껴진다고 시인한다. 다른 사람들은 기도 그 자체에 대하여 혹은 기도가 어떻게 작용하는지에 대하여 혹은 어떤 경우에는 기도가 아예 효과가 있는 것인지에 대하여 의문이 있을 것이다.

많은 사람들은 기도를 청원과 중보, 즉 우리 자신의 필요나 다른 사람의 필요를 하나님께 구하는 것이라고 배워왔다. 물론 기도에 대한 이러한 접근이 잘못된 것은 아니지만 기도에는 우리를 하나님과의 더 깊은 관계로 이끄는 다른 측면이 있다.

---

37 예를 들면, Gary Thomas, *Sacred Pathways*, Zondervan, 2000을 보라.

기도가 우리의 성격에 의해 영향을 받는다는 통찰은 많은 사람들에게 중요한 발견이다. 그래서 "할 수 없는 대로가 아니라 할 수 있는 대로 기도하라"[38]는 조언은 우리를 자유롭게 하는 진실로 다가온다. 관상적 기도에 대한 소개는 어떤 사람들에게는 생동하는 돌파구를 제공한다. 그것은 어떤 식으로든 하나님이 해야 할 것을 우리가 구해야만 한다는 의무감에서 우리를 자유롭게 해준다.

우리는 단순히 하나님께서 주관하실 것이라는 신뢰로 사람들과 상황을 하나님 앞으로 가지고 갈 수 있다. 그것은 선물보다는 선물을 주신 분에게 초점을 맞추고 하나님께서 우리를 위해 하실 수 있는 것보다는 그를 위하여 그를 사랑하는 것에 더 관심을 두어야 한다는 말이다. 이런 방식으로 할 때 기도는 더 깊어져서 교감의 영역으로 들어가게 되며 더 이상 요구하는 수준으로만 사용되지 않는다.

또 다른 성장 요소는 많은 사람들이 가지는 갈망으로 그리스도인의 삶에 대한 좀 더 균형 있는 접근이다. 다시 말하면 사람들이 "성과 있는 삶의 단계"의 마지막에 도달하면 너무 많은 활동에 관여함으로써 신앙의 여정을 점점 더 짐스러워하며 그 속도를 늦추게 되면 늘 죄책감을 느낀다.

영적 멘토들이 공통적으로 질문하는 것은 "내 삶에서 어떻게 더 좋은 리듬을 발전시킬 수 있을까?"이며, 이것은 종종 외적 삶에서 내적 삶으로 향하는 과도기를 의미한다. 이러한 사람들과는 안식의 진정한 의미와 계속 무엇인가를 해야 하는 압박 없이 그냥 "있

---

38 John Chapman, *Spiritual Letters*, Burns and Oates에 의해 재판됨, 2003.

을" 때 바쁜 일정 속에서 어떻게 시간을 만들 수 있을가를 탐구해 볼 수 있다. 우리가 그들에게 주는 바로 그 시간이 촉박한 삶을 사는 사람들에게 훨씬 필요로 하는 "성스러운 장소"가 될 수 있다.

그들에게 정규적으로 침묵의 날을 실천해 보거나 영적 리트리트의 가치를 소개할 수 있다. 예수님이 어떻게 삶의 균형을 이루면서 아버지를 의존하는 삶을 살았는지 함께 살펴볼 필요가 있을 것이다. 효과적이고 효율적인 그리스도인의 삶의 핵심으로서 "내적인 삶"에 대한 모든 것을 살펴볼 수 있다(예를 들면, 고전 15:10; 갈 2: 20; 골 1:29; 빌 2:12-13; 살전 5:24; 히 13:20-21을 보라). 일중독을 일으키는 원인이나 개인적 경계선을 세우는 방법 그리고 "아니오"라고 말하는 것을 배우기 등도 탐구해 볼 수 있다.

2. 신음하는 고통

영적 멘토링이 상담과는 다르지만 경계가 모호한 부분도 있으며 사람들이 종종 영적 고통으로 멘토의 도움을 구한다는 것을 이미 언급했다. 현명한 멘토는 하나님과의 관계에 영향을 미치는 문제에 집중하며 상황을 이 관점에서 접근할 것이다. 그들은 문제의 깊이가 그들의 영역 밖의 것이니 전문 상담을 권할 필요가 있음을 알지만 또한 고통하며 "신음"하는 사람들을 만나지 않을 수 없다.

해그버그와 굴리히가 "벽"이라고 부른(8장 참조) 경험에 대해서 이미 언급했다. 이것은 영적 여정에서 매우 고통스러운 과도기적 지점이다. 예전의 방식이 무너져 버리고 새로운 방식이 자리를 잡을 때이다. 종종 두려움에 대면하고 상처가 치유되게 하는 등 과거의 문제들을 다루는 것이 포함된다. 멘토들은 그러한 때에 비판적이지 않으면서 위안을 줄 수 있고 힘든 과정을 통과할 수 있는 길이 있으며 터널 끝에 빛이 비춘다고 소망을 줄 수 있다. 혼동과 불확실성의 시기에 그들의 경험을 확인해주고 그들이 길을 잃지 않았다는 것을 알게 해 주면서 그들을 위해 그냥 거기에 있어 줄 수 있다. 영적 멘토를 산파의 활동에 비유하는 것은 아마도 이 때문일 것이다. 멘토로서 우리는 뭔가가 새로 태어나는 것을 지켜보고, 그것은 고통스럽고 느리게 진행되기 때문이다.

어떤 사람은 실패를 의식하여 도움을 구하고 그들은 용서와 회복이 필요함을 시인할 수 있는 안전한 장소가 필요하다. 고백을 듣고 용서의 은혜를 적용하는 것은 우리 모두에게 성직자의 기능이 주어졌기 때문이며 이것은 영적 멘토링에 성례전적 역할을 부여할 수 있음을 의미한다(요 20:21-23; 약 5:16).

많은 사람들이 실족한 후에 가장 어려워하는 것은 자기 자신을 용서하는 것이다. 그들의 머리로는 하나님이 그들을 용서하신다는 것을 알지만 가슴으로는 그것을 느낄 수 없다. 그러한 사람들은 그들이 용서받았다는 사실이 충분히 인식되어 그들이 자유롭게 되기 전에 보통 다른 사람으로부터 "당신은 용서받았습니다"라고 확인을 해주는 말을 들을 필요가 있다.

다른 사람의 고백을 위탁받는다는 것은 큰 특권이며 우리는 그들이 밝힌 비밀을 매우 주의 깊고 민감하게 다루어야 하며 그리고 그 비밀을 유지하여야 한다.

또 다른 사람들은 실망의 고통이나 산산 조각난 꿈 혹은 깨진 약속으로 보이는 것에 관하여 이야기하고 싶어 할 것이다.[39] 많은 사람들은 그리스도인의 성공적인 삶을 위한 단순한 공식을 가지고 성장한다. 그들은 하나님을 상자 안에 넣어 놓고 하나님이 어떻게 일하시는지를 예상할 수 있다고 느낀다. 결과가 그들이 기대한 것이 아니면 그들은 당혹스러워 한다. 그들이 가지고 사는 한 가지는 "순종은 축복이고 불순종은 축복의 부족과 같다"라는 공식이다. 그것은 특히 구약 성경 구절에 비추어서 매우 성경적이며, 어떤 순간에는 그 공식이 작동하는 것처럼 보인다.

그러나 결국에는 "악한 사람들이 왜 번영할까?", "나쁜 사람들에게 왜 좋은 일들이 일어날까?"와 같이 자신감의 위기를 초래하며 많은 사람들이 오랜 기간 질문해온 신앙에 관한 질문이 일어날 것이다.

톰은 그의 전 생애를 바쳐 섬김의 삶을 살아 왔고, "나를 존중히 여기는 자를 내가 존중히 여기고"(삼상 2:30)라는 성경 말씀을 항상 좌우명으로 삼아왔다. 그래서 그와 그의 아내가 하나님을 최우선으로 놓고 살면 그의 자녀들이 자연히 신앙으로 그들을 따를 것으로 판단했다. 그의 자녀들의 하나님께 등을 돌렸을 때 톰은 당혹스러웠다.

하나님께서 그를 크게 실망시킨 것처럼 보였고 속으로 그는 하나님께 매우 화가 나는 것을 느꼈다. 그는 고통을 가지고 사는 것에 익숙해지며 사역을 계속했지만 하나님을 향한 분노가 많았다.

---

[39] 이에 대한 더 많은 정보를 위하여서 Larry Crabb, *Shattered Dreams*, Waterbrook, 2001을 보라.

그의 고통이 표면으로 떠오르고 그가 그의 불만과 아픈 마음을 표출할 수 있었던 것은 오직 멘토에게 그것에 관하여 이야기한 후였다.

놀랍게도 톰의 멘토는 그가 좌우명으로 삼아 왔던 바로 그것에 대해 좀 더 깊이 생각해 보라고 질문했다. 톰은 그 질문을 하나님께 다시 가지고 갔다.

그동안 그가 정말로 거짓 좌우명을 가지고 살아온 것인가?

톰은 점차적으로 그가 한 것을 깨달았다. 그는 자기 방식을 하나님과의 협약을 미묘하게 도입했다. 그는 사실 하나님과 거래를 했으며 하나님을 하나의 공식으로 축소시켰고 자신이 결정한 대로 행동하는 방식 안에 하나님을 집어넣었다는 것을 깨달았다.

일반적으로 하나님은 그를 존중히 여기는 사람을 존중한다는 전제는 사실이지만 톰은 하나님이 그를 존중해야 하는 방식이 무엇인지를 그가 결정할 수 없다는 것을 알았다. 그의 삶과 사역을 보았을 때 그는 하나님이 정말로 많은 방식으로 넘치게 복을 내려 주셨다는 것을 볼 수 있었다. 그는 그의 자녀들이 하나님을 멀리 떠난 것에 대한 고통을 여전히 느끼지만, 하나님에 대한 그의 적대감은 사라졌고 이해가 확대 되었다.

교회 지도자들은 특히 그들의 고통에 대하여 이야기할 누군가가 필요하다. 그들의 회중 가운데는 그들이 마음을 열고 그들 자신의 역경에 대하여 솔직하게 말할 사람이 거의 없기 때문에 사역의 압박으로 휩싸인 사람들에게 외부의 도움은 그들을 구조할 수 있다. 전임 사역자들은 각자 특정한 스트레스와 유혹들을 대면하고 있으며 이해할 수 있는 누군가와 사역에 관한 문제들을 이야기할 수 있는 기회는 안전장치로 작용할 수 있다.

교회 지도자의 배우자에게도 똑같이 적용된다. 선교사들도 유사한 투쟁을 경험한다. 종종 다른 사람의 발판이 되면서 그들은 소외되고 홀로 외롭게 여행을 하는 것처럼 느낄 수 있다. 최근에 한 연세든 선교사는 다음과 같이 고백한다.

> 나는 거의 내 모든 생애 동안 선교사로 살았고 수많은 평가를 했지만 항상 선교 사역에 대한 것이었습니다. 지금까지 아무도 "데이비드, 지금 어떻습니까? 당신의 영혼은 어떠합니까?"라고 물어보지 않았습니다.

우리가 보통 맞이하는 고통은 두 양상이 있으며 둘 다 모두 중요하여서 두 장(10장과 11장)을 할애하여 따로 다루고자 한다.

첫 번째 것은 신앙에 대하여 "신음"하는 질문으로 그것은 많은 사람이 좀 더 성숙한 신앙으로 나아갈 때 경험하는 고통스러운 마음의 탐색이다.

두 번째 것은 영혼의 어두운 밤의 "신음"이다. 그것은 하나님이 어디에 계신지를 모르거나 그의 존재에 대한 모든 감각을 잃었을 때를 말한다.

3. 영성 지도의 필요

영혼의 친구나 멘토를 가지는 것의 가치는 종종 여정에서 동반자가 가장 필요한 변화와 전환의 때에 가장 예민하게 느껴진다. 이와 같이 생의 중요한 결정을 내려야 할 순간은 신뢰할 만한 친구나 안내자 즉 그의 조언을 우리가 존중하고 우리를 도와서 모든 선택 사항과 가능성들을 신중히 판단해 줄 누군가의 객관적인 조언을 찾아 나설 때가 될 수 있다.

여러 해를 지나면서 내가 배운 교훈 하나는 하나님의 뜻은 실제로 매우 폭넓게 자리하고 있다는 것이다. 나는 팽팽한 줄 위를 걷는 것처럼 오직 한 가지 가능성만 있고 만일 잘 못된 선택을 하면 하나님으로부터 차선으로 밀려 떨어지는 것이라고 생각하며 지도했었다.

그래서 나는 (혹은 다른 많은 사람들은) 지도가 늘 스트레스가 되는 일이었다. 왜냐하면 쉽게 잘못 될 수 있고 길을 놓칠 수 있으며 그것은 피해가 막심할 수 있기 때문이다. 나는 영성 지도에 대하여 훨씬 더 편안해 해도 된다는 것을 이제 깨닫는다. 하나님께서 우리에게 그의 뜻을 보여주려 하시며 그의 길로 우리를 인도하려고 하시기 때문이다.

사실, 영성 지도에 대한 책임은 하나님에게 놓여 있으며, 그는 그의 뜻을 우리에게 명백하게 잘 설명할 수 있다. 그러므로 성령이 우리를 인도할 수 있도록 우리를 준비해 놓는 것이다. 그것은 우리의 마음을 준비하는 것, 그가 원하는 대로 우리를 드리고, 옳다고 생각되는 것을 하는 것과 더 관련이 있다. 우리가 하나님을 진정으로 기쁘시게 하는 한 우리를 인도할 수 있는 마음을 믿을 수 있다.

어떤 사람들은 우리 자신의 갈망을 불신하면서 자라왔다. 그래서 우리가 뭔가를 정말로 하기 원한다면 그것을 원하는 것은 우리이지 하나님이 아닐 가능성이 크기 때문에 그것은 잘못된 것이라고 결론을 내렸다.

그러나 다른 방식으로 그것을 보면 하나님이 우리 안에 심오한 갈망을 넣어 놓았다는 것을 깨달을 수 있다. 그리고 우리가 그것을 발견하고 그에 응답할 때 사실은 우리가 하나님의 뜻을 발견하는 것임을 알 수 있을 것이다. 하나님께서는 우리를 만드실 때 우리 안에 그의 갈망을 넣어 놓으셨다. 그의 백성으로 우리를 만드신 대로 되어 감으로써 우리가 그의 뜻을 행하고 우리의 마음에서부터 담대히 살아가는 것이 하나님께서 우리를 고유하게 만드신 방식의 일부이다.

이것은 시편 37:4 말씀 "여호와를 기뻐하라 그가 네 마음의 소원을 네게 이루어 주시리로다"에서 확증되고 있다. 이그나시우스 학파의 훌륭한 전통에서 멘토의 과제 중의 하나는 멘토리가 자신의 마음의 진정한 갈망을 발견하고 그에 응답하도록 돕는 것이다.

사람들이 과도기, 즉 생애 단계의 한 시기를 지나 다음 시기로 진입하려 할 때 그들은 직관적으로 멘토에게 이끌릴 것이다. 그것은 직업의 변화나 사역의 발전 가능성이 있을 때를 중심으로 있을 것이다. 클린턴의 지도력 발전 단계에서 이러한 과도기가 얼마나 중요한지 살펴보았는데, 놀랄 것 없이 목회 사역을 하고 있는 사람들은 그들이 취할 다음 단계에 관하여 이야기하고 싶을 것이다.

가능한 것들에 대한 찬반양론을 엄밀히 판단하는 데는 이미 언급한 분별의 과정이 요구되며 그 과정을 통과해 나갈 때 함께 해 줄 동반자가 있다는 것은 큰 도움이 된다.

영적 멘토의 도움을 감사할 특별한 그룹은 해외에서의 삶을 마치고 고국으로 돌아오는 선교사들일 것이다. 이것은 주요한 변화이며 임기응변에 강한 사람들에게도 종종 험난한 시기가 될 것이다. 뉴질랜드의 영적 지도자 알리슨 파머(Alison Palmer)는 사람들이 문화가 바뀌는 상황을 다시 만나게 되는 여정을 잘 진행해 나가도록 도울 수 있는 몇 가지 방법을 제안한다.[40]

> 그 사람의 이야기를 경청하고 그가 하나님께 향하도록 하여 그에게 일어나는 모든 것에 영적 관점을 가지게 하라.
> 과도기 과정을 통과할 때(2년이나 걸릴 수도 있다), 더딘 여정에서 그들과 함께 동행 하라.
> 과거를 성찰하고 얻은 교훈을 현재와 미래로 통합하도록 격려하라.
> 과거에 있었던 것을 애도하고 현재의 현실을 맞이하며 미래를 위한 소망을 갖도록 도우라.
> 선택해야 할 많은 사항들 중에서 분별해 나가는 과정을 도우라.

---

[40] Alison Palmer, "Issues Facing Returning Missionaries and how Spiritual Direction can Help," 미출판 인터넷 게시물(www.sgm.org.nz/research_papers.htm).

사람들이 영적 멘토링 사역의 가치를 매우 높게 평가하는 이유를 아는 것은 어렵지 않다. 우리는 모두 우리에게 감동을 주고 더 큰 일로 우리를 부르는 사람과 자신의 경험을 우리에게 나누어주고 우리가 성장하도록 도울 사람이 필요하다.

때로 우리는 경청하는 귀, 골치 아픈 것을 함께 나눌 사람, 스트레스가 심할 때 기댈 수 있는 어깨, 비바람이 불 때 피할 곳이 필요하다. 가끔씩 우리는 불확실한 시기를 통과해 나갈 때 우리와 함께 걸어갈 수 있는 사람 혹은 기회의 순간에 현명한 선택을 하도록 도울 수 있는 사람을 원할 것이다.

하나님께서는 "사람이 혼자 사는 것이 좋지 아니하니"(창 2:18)라고 말씀하셨고 솔로몬은 "두 사람이 한 사람보다 나음은"(전 4:9)이라는 지혜를 깨달았다. 영적 멘토링은 우리 각자 안에서 깊이 느끼는 영적 동반자에 대한 우리의 필요를 채워주기 때문에 중요하다.

제 10 장
길을 잃음: 신앙 문제 멘토링

최근에 나는 런던 지하철에서 길을 잃었다. 런던 지하철 시스템을 꽤 잘 알고 있었는데도 가고자 하는 곳은 한 번도 가보지 않은 곳이었기 때문에 나는 낯설고 분주한 환승역에서 노선을 갈아타야 했다. 출퇴근 시간이었고 내가 방향을 잘 따라갔다고 생각했지만 절망스럽게도 방향을 잃고 쩔쩔매고 있었다. 간선 정류장에서 다른 기차를 타야했는데 시간은 흘러가고 있었다.

나는 초조하고 열이 나기 시작했으며 나 자신에게 화가 나고 짜증이 났다. 길을 잃는 것은 그다지 좋은 느낌이 아니다! 그런데 갑자기 어떻게 된 것인지는 확실하지 않지만 표지판이 다시 눈에 들어 왔고 바른 승강장을 발견하여 가까스로 제시간에 지하철을 탈 수 있었다. 얼마나 마음이 놓이던지!

영적 멘토링을 시작하는 주요한 지점 중의 하나는 많은 사람들이 영적 여정에서 자기가 지금 어디에 있는지 탐구해야 하며 안전한 상황을 위험스럽다고 생각할 수 있기 때문에 질문을 할 수 있어야 한다는 욕구가 있을 때이다. 어떤 의미로 그들은 길을 잃었다. 뉴질랜드의 침례교 목회자인 알란 제이미슨(Alan Jamieson)은 복음주의와 오순절파와 은사주의 교회 전통의 사람들 중 상당히 많은 이들이 교회를 떠나거나 "배를 갈아타고" 있다는 사실을 강조했다.[41] 물론 그들만이 그런 것은 아니지만 그전에 매우 안정적이라고 알려진 교파에서 이러한 일이 일어나고 있는 것을 보는 것은 조금은 놀라운 일이다.

나 스스로도 이러한 경향을 목격했다. 교회를 떠난 사람은 내 친구만이 아니다. 그들 중에는 리트리트 지도자와 훈련 상담 고문으로서 나와 비슷한 위치에 있기 때문에 내가 정규적으로 만나는 사람들도 있다. 더 나아가 여러 이유 때문에 교회를 떠나지는 않았지만 교회가 무의미하며 만족스럽지 못한 사람들도 있다. 그들은 "내적으로 떠난 자들"이며 떠나기 일보직전이다. 멘토들은 이 사람들을 인지할 필요가 있으며 고통 가운데 있는 그들을 어떻게 도울 수 있을지를 알 필요가 있다.

제이미슨은 교회를 떠나는 사람들을 네 가지 유형으로 소개한다.

- **환멸을 느낀 추종자**

이들은 상처를 입었거나 화가 나서 떠난 사람들이다. 그들은 아마도 교회 예배를 참석하지 않지만, 교회 밖의 그룹이나 행사에서 지원을 찾으려 하면서 그들의 신앙체계는 유지하고 있을 것이다.

---

41 Alan Jamieson, *A Churchless Faith*, SPCK, 2002.

• 성찰적인 망명자

이들이 가진 문제는 위기나 지적인 것이다. 그래서 물려받은 신앙에 의문을 가지며 그들이 정말로 믿는 것이 무엇인지 결정하기 전에 충분히 생각해보기 위해서 교회를 멀리하는 시간을 갖기 원한다.

• 과도기적 탐구자

이들은 새로운 방식을 발견하기 원한다. 그래서 그들이 한때 가지고 있던 것과는 상당히 다른 새로운 생각과 변화에 마음을 연다. 그들은 더 자유로운 신앙을 갖게 되고 기독교 신앙을 아예 떠나기도 한다.

• 통합적인 나그네

이들은 자신의 신앙에 의문을 갖고 그것을 모두 새로운 방식으로 다시 통합한다. 그들은 아주 다른 사고방식으로 다시 여정을 떠날 준비를 한다.

이 사람들에게 일어나는 일을 우리가 이해할 수 있도록 제이미슨이 제안하는 것들 중의 하나는 제임스 파울러(James Fowler)가 제안한 신앙발달 모델을 사용한 것이다. 나는 이 책의 8장 로드맵과 지침서에서 이 모델을 포함시키지 않았다. 그것이 여기에 더 잘 어울리고 약간 다른 관점에서 온 것이기 때문이다. 이 모델은 확고한 믿음을 가진 사람들이 왜 신앙의 위기를 겪는지 그리고 이전의 강한 신념의 신앙이 왜 사라지는 것처럼 보일 수 있는지를 이해하는데 유용한 도구이다.

파울러의 신앙발달 모델의 개요는 다음과 같으며 우리가 무엇을 믿는지가 아니라 어떻게 믿는지에 강조점을 둔다.

● 1단계-순진무구한 자

유아기의 신앙 단계. 가족과의 경험을 통해 하나님을 경험하며 개인적으로 신앙에 대한 내적 구조를 가지지 않는다.

● 2단계-직해주의자

6세 이후 아동기의 신앙 단계. 생각이나 이야기를 문자적으로 이해한다. 성인의 20% 정도는 이 단계에 머무르며, 성경을 매우 문자적으로 해석하며 신앙은 규칙과 규정을 중심으로 세워진다.

● 3단계-충신

순응 자 시기의 신앙 단계. 다른 사람의 기대에 매우 익숙해져 있으며 믿음을 깊이 가지고 있으나 비평적으로 검토하지 않는다. 교회에 다니는 성인들에게 가장 많이 나타나는 단계이다.

● 4단계-비평가

믿음에 대한 새로운 검토를 하는 신앙 단계. 독립된 관점의 발달로 이어지는 것이 기대된다.

● 5단계-선각자

중년기 이전에는 좀처럼 도달하지 못하는 신앙 단계. 신비와 폭넓은 관점에 새로이 마음을 열며, 신앙은 삶의 모든 국면과 통합된다.

● 6단계-성인

초점의 중심에서 자기가 제거되는 신앙 단계. 삶의 모든 국면에서 하나님의 권위를 완전히 받아들인다.

여기서 즉각적으로 "로드맵"과 몇 가지 연결점이 있음을 알 수 있지만 큰 차이점은 질문과 새로운 것에 마음을 여는 것을 통해 신앙이 성장하고 발전하는 방식이다. 신앙이 강해지고 진실해지려면 어떤 의미에서 우리가 그것을 소유해야 한다. 그래서 우리가 신념을 가지고 그것을 사용할 수 있어야 한다. 신앙은 안에서 일어나야 하는 것이지 외부에서 강요되는 것은 아니다. 그러한 과도기는 정말로 험난한 과정이 될 수 있으므로 믿을 수 있는 안내자의 도움은 매우 큰 가치가 있다.

누구든지 신앙이 3단계 이상으로 성장하고 성숙하기를 원하면 4단계와 5단계를 통과해야 할 것이다. 그리고 그 시기에 그들은 적어도 잠시라도 교회를 떠날 가능성이 크다.

제인은 자신이 그러한 과도기 지점에 있음을 알았다. 학생으로서 그녀는 은사주의 가정교회에 깊이 관여해왔는데 처음에는 그것이 도움이 많이 되었지만 나중에는 그녀의 삶을 조종하게 되었다. 의문은 허용되지 않았고 순응만이 요구되었으며 교인들 간의 긴밀한 유대 때문에 떠나기 어려웠다.

결국 제인의 남편이 전임 사역자가 되면서 그들은 거기를 떠날 수 있게 되었지만 신앙에 대한 어려움은 계속되었다. 그녀는 특히 구약에 관하여 많은 의문이 있었고 점차적으로 하나님이 실재하지 않은 것 같고 거리감이 느껴졌으며 신앙은 냉엄한 환상인 것처럼 보였다. 어느 날 그녀는 더 이상 믿을 수 없고 헌신할 수 없음을 깨달았다. 두 해가 지나면서 그녀는 교회에서 모든 활동을 그만두었고 교회에 출석하는 것조차도 거의 어려워했다.

결국 제인은 남편의 도움으로 신뢰하는 영적 멘토와 이야기하기 시작했다. 교회에서의 경험이 학대적인 것이었음이 명백해졌으며 전문 상담사의 도움으로 그녀는 의문이 들었던 것들을 해결해 나갔다. 그녀는 폭넓은 독서를 하도록 격려되었으며 다른 사람들도 그녀와 비슷한 질문을 가지고 있으며 그녀를 그렇게 실패하게 한 극도로 단순한 신앙이 아닌 믿을만한 기독교 대안이 있었다는 것을 발견했다.

치유가 일어나자 천천히 신앙도 회복되기 시작했다. 그런 후 그녀 자신의 말로 "은혜의 순간"이 왔다.

> 어느 날 밤 아무 형식 없이 그냥 하나님과 이야기하기 시작했다. 그리고 그는 아무 형식 없이 오셔서 경청하시고 말씀하셨다. 나는 내가 기억하고 있던 존재감을 느꼈으며 하나님이 거기에 계신다는 것을 알았다.

제인은 다시 교회에 출석하기 시작했지만 다른 관점을 가지게 되었다. 그녀는 여전히 교회와 어려움을 겪고 있고 복음주의적인 확실성을 더 이상 견디기가 어렵다는 것을 알게 되었다. 그녀는 다음과 같이 고백한다.

> 한 가지 확실한 것은 하나님께서 나의 삶을 지지하고 계신다는 것이다. 목적지는 잘 모르지만 나는 내가 영적 여정 중에 있다고 믿는다. 나는 예수님을 믿지만 계속 질문을 해야 한다. 새로워진 신앙의 의미가 무엇인지 탐구하기를 원한다. 그것은 내가 가지고 있던 것과 같은 것은 아니지만 나는 다시 괘도에 올랐다.

제인의 경험은 많은 사람들에게도 있는 전형적인 것이며 신앙이 성숙하게 되는 때 따라오는 성장의 고통을 우리가 이해할 수 있도록 돕는다.

그러면 환멸을 느끼고 방향을 잃고 우리에게 찾아오는 사람들을 우리가 어떻게 멘토할 수 있을까?

우리는 분명하게 그들이 질문할 수 있도록 하고 그들 자신의 생각을 탐구하도록 하여 그들 자신의 답을 찾아낼 수 있게 해야 할 것이다. 우리의 믿음을 그들에게 강요하려고 하거나 교회를 방어하거나 현재의 상태를 유지해야한다고 느끼지 말아야 한다. 우리 스스로 질문, 의심 그리고 부인에도 편해질 수 있어야 한다. 사람들이 진행하는 과정은 시간이 걸리고 이에 대해 분노가 많을 수 있기 때문에 우리는 많은 인내와 이해로 경청할 필요가 있다.

1. 우리의 하나님 이미지

교회에 환멸을 가지는 이유는 거의 잘못된 하나님 개념을 물려받은 것과 관련 있다. 그러한 사람들은 그들 머릿속에 항상 화내며 점점 더 요구하며 공평하지 않고 어떤 경우에는 잔인한 하나님 이미지를 가지고 있을 수 있다. 그러한 이미지가 어디에서 온 것인지 탐구해 볼 필요가 있다. 우리는 분명하게 그것들을 성경 말씀을 통하여 더 건강한 하나님 이해, 즉 거룩한 사랑의 하나님, 하늘에 계신 은혜로운 아버지, 우리를 돌보시는 선한 목자 등으로 가르쳐주어야 한다.

2. 하나님의 은혜

얼마나 많은 그리스도인들이 은혜를 진정으로 경험하지 못했는지 놀라울 따름이다. 많은 사람들이 교회를 짐으로 여기는 이유는 율법주의의 무게를 어깨에 이고 살기 때문이다. 기독교 복음을 기본적으로 왜곡한다는 것을 조심스럽게 노출하고 복음의 은혜에 대한 바른 이해를 그들에게 열어주는 것은 그들에게 자유를 주며 신앙에 대해 전적으로 다른 평가를 하게 할 것이다.

3. 삶의 리듬

사람들이 교회에 매력을 잃게 된 다른 이유는 그들이 균형 있는 삶을 사는 방법을 모르기 때문이며, 그들이 모든 것을 하려고 하고 모든 사람들을 기쁘게 하려는 것에 압도되고 지치기 때문이다. 우리는 그들이 안식을 가치 있게 여기고 그 필요를 인정하며 그들 자신을 지키기 위한 테두리를 세우도록 도울 수 있다. 그들이 우선순위를 정하고 일과를 줄이며 죄책감 없이 여가를 즐길 수 있는 시간을 만드는 방법을 보여줄 수 있다. 삶에 대한 관점이 우리가 적절히 잘 쉴 때 얼마나 변화되는지 놀라운 일이다.

4. 관계 문제와 용서

사람들이 학대하는 교회 상황을 통해 심각하게 상처를 입었을 때 그들의 고통이 인정되어야 하며 정서적인 치유가 필요할 것이다. 그들이 겪은 일에 관하여 들어 주어야 하며 그들의 걱정은 진정으로 인식되어야 한다. 화해가 불가능할지라도 괴로움에 구속되지 않도록 그들 자신을 위하여 그들에게 상처를 준 사람들을 용서해야 할 필요가 있다.

5. 사막의 경험 속에서 하나님을 찾기

사막의 은유는 제이미슨이 이러한 상황에 처한 것 같은 느낌이 어떠한 가에 대해 묘사할 때 사용한 것이다.[42] 그것은 하나님께서 침묵하거나 부재하거나 무관심한 것처럼 보일 수 있다. 물론 사막에서도 하나님을 발견할 수 있으며, 사막에 있을지라도 하나님께서 우리에게 다가온다는 것을 믿을 수 있도록 격려하는 성경 말씀이 많다(예를 들어, 신 32: 10-12).

우리는 그들과 함께 "내가 여기에서 어떻게 살 수 있는가?

여기에서 어떻게 성장할 수 있는가?

여기에서 내가 무엇을 배울 것인가?" 등과 같은 질문들을 탐구해볼 수 있다.

6. 여행 동반자들

이 시기의 여정은 매우 외로워 보일 수 있지만 사실 많은 순례자들이 유사한 여정을 하고 있다. 여행 동반자들은 종종 의외의 장소에서 모습을 보인다. 지지그룹이 점차로 생겨나며 인터넷을 통해서 토론 그룹에 가입하여 질문을 탐구하고 생각을 나눌 수 있다.[43] 영적 멘토는 영적 여정에서 유사한 지점에 있다고 생각되는 사람들을 모아서 하나의 그룹을 만들 수 있다.

---

[42] Alan Jamieson, *Journeying Faith*, SPCK, 2장.
[43] 예를 들면, Spirited Exchanges, www.spiritedexchanges.org.nz을 보라.

뉴질랜드의 영적 멘토들의 그룹은 "교회를 떠난 사람들이 신앙 여정에서 사막을 지나갈 때 무엇이 필요한가?"라고 질문을 받았다. 사막을 지나고 있는 사람들과의 상호작용의 경험으로부터 그들은 다음과 같은 주요 사항을 지적했다.

> 우리의 경험이 인정받을 수 있는 안전하고 비판적이지 않은 그리고 "안전하고" 알려진 것 이상을 탐구할 수 있는 장소.
> 이 때가 하나님의 시간이지 악마나 개인의 실패의 시간이 아니라는 확증, 닻을 내리거나 붙잡을 수 있는 것, 사막과 어두운 밤에 대하여 더 많이 배울 수 있는 기회.
> 슬픔과 상실에 대한 지원, 우리 자신의 지혜를 신뢰하도록 격려, 새로운 테두리를 만드는데 도움, 힘든 장소에 있을 때 함께 해 줄 동반자와 친구.
> 부산한 기독교 활동으로부터 쉼과 휴식하도록 허용.

다른 사람들이 "황야를 헤매는" 동안 함께 동행 해주는 것은 힘들지만 보람이 있는 경험이다. 그들 자신의 신앙을 탐구하고 알려지고 안일한 것을 도전하며 변화와 새로운 방향에 마음을 열기 원하는 용기가 있는 사람들의 신뢰를 얻는다는 것은 하나의 특권이다.

우리는 모든 것에 대한 정답을 가지고 있지 않아도 되며 그리고 우리가 모든 고통을 완화시킬 수는 없을 것이다. 그러나 우리가 지친 여행자들을 위해 함께해 주며 환대라는 선물을 제공할 수는 있다.

제 11 장
어두운 밤의 여행:
하나님의 부재를 느낄 때

만일 내가 운전을 하며 잘 알지 못하는 장소로 가야 한다면 나는 가능한 낮 동안에 가는 것을 훨씬 선호한다. 야간 운전은 훨씬 더 어렵다. 도로 표지판을 제대로 보지 못할 수도 있기 때문에 길을 잃기가 매우 쉽고 어디로 가야 할지 확실히 알 수 없다. 밤의 여정은 즐거운 일이 아니다.

우리 모든 사람들은 길을 잃을 수도 있다는 느낌이 올 때 삶의 여정에서 어두운 시기 즉 절망과 의문의 순간들을 맞이한다. 삶의 위기는 우리 모두에게 오며 그때 우리는 하나님께로부터 버림을 받았으며 우리 혼자라는 것을 느낄 수 있다. 그것은 마치 구약성경에 보통 나오는 불평처럼 하나님께서 얼굴을 숨기시는 것으로 느껴진다.

그러한 경험은 그리 오래 가지 않기 때문에 우리는 빨리 회복된다. 그러나 명확한 이유도 없고 영원히 계속될 것 같아 보이는 또 다른 영적 어두움의 경험이 있다. 이것은 전통적으로 "영혼의 어두운 밤"으로 알려졌으며 하나님의 백성들이 고통을 경험하는 두 번째 주요한 요인이다. 영적 멘토로서 우리는 이것을 인식하고 있어야 하며 이에 응답하도록 부름을 받았을 것이다.

복음주의나 은사주의 신자들에게 영혼의 어두운 밤의 경험은 잘 알려져 있지 않다. 일반적으로 이들은 "승리하는 삶"을 살고 있다면 그러한 "가동 정지" 시간을 정말로 경험하지 않는다고 가정하는 것 같다. 영적 어두움을 경험하고 있다고 느끼는 사람에게 주는 보통의 조언은 스스로 힘을 내고 잘 견뎌내라는 것이다. "신경 쓰지 않고 참고 견디기" 혹은 "정신을 차리기" 중의 하나의 문제라고 보는 것 같다.

그러나 다른 교단에서는 영혼의 어두운 밤을 기독교 여정의 일부분으로 보며, 약함의 표시가 아니라 하나님 안에서 성숙과 진보의 표지로 오랫동안 인식해왔다.

영혼의 어두운 밤에 대한 설명을 위해서는 아빌라의 테레사(St. Teresa of Avila, 1515-82)와 십자가의 요한(St John of the Cross, 1542-91)을 살펴보아야 한다. 그들 둘 다 그리스도인의 삶을 하나님과의 연합을 향해가는 여정으로 보고 어두운 밤을 하나님과의 친밀감을 충분히 경험하기 위한 서곡으로 보았다. 이들은 이것을 매우 상징적으로 기록하고 있다.

고든 머셀(Gordon Mursell)은 그것을 "십자가 요한의 영적 행로는 어두운 밤에 카멜산의 비탈길을 오르는 한 연인의 여정이다. '밤' 은 하나의 복잡한 상징으로 그 여정에 동반되는 설레게 하는 신비와 꾸밈없는 신앙과 고통과 분리를 의미한다."[44]

확실히 어두운 밤은 지내기에 즐거운 위치는 아니다. 우리는 모두 불안정하지만 이것은 다르다. 러셀 멧카프(Russell Metcalfe)도 이 경험에 대하여 묘사한다.

> 영혼의 어두운 밤은 뭔가 다른 것이다. 전등이 나가고 화면이 캄캄해진다. 전화가 끊겨 하나님께서 응답하지 않는다. 그리고 아무리 열심히 살펴보아도 터널 끝에 불빛이 보이지 않는다. 하나님은 지금 어디에 계신가?[45]

하나님의 부재 경험은 그의 존재를 잘 인식해본 적이 있는 사람들에게 가장 고통스럽게 느껴진다. 갑자기 하나님에 대한 감각을 잃고 그의 존재에 대한 정서적 인식을 잃어버리는 것은 당혹스럽고 불가해한 것이다. 특히 그것이 일어날 만한 이유를 분별할 수 없을 때 더욱 그러하다. 알렉산더 라이리(Alexander Ryrie)는 다음과 같이 설명한다.

> 사람이 어둠이나 공허의 경험에 압도될 때가 있고, 하나님이 멀리 있고 기도가 불가능할 때가 있다…그때는 명확한 이유 없이 하나님이 물러가시고 어둠을 만나며 아무리 그

---

44 Gordon Mursell (ed.), *The Story of Christian Spirituality*, Lion Publishing, 2001, p. 201.
45 Russell Metcalfe, www.wordaction.com에 있는 인터넷 기사.

를 찾으려고 노력하고 기도를 시도해도 그가 돌아오지 않는다.⁴⁶

그러한 경험이 성경적 실재에 근거한 것인가 아니면 신비적 상상력의 산물인가?

시편기자의 외침에 대해 이미 언급했다. 우리가 죄를 지었기 때문이 아니라 하나님께만 알려진 이유 때문에 하나님께서 그의 얼굴을 숨기실 때에 시편기자는 "여호와여 어느 때까지니이까 나를 영원히 잊으시나이까 주의 얼굴을 나에게서 어느 때까지 숨기시겠나이까 나의 영혼이 번민하고 종일토록 마음에 근심하기를 어느 때까지 하오며"(시 13:1-2, 또한 10:1; 27:9; 44:24; 88:13-14; 89:46; 143:7을 보라)라고 외쳤다.

하나님의 백성은 하나님이 숨어 있다는 감각을 자주 느끼는 것처럼 보인다. 이사야 선지자가 "너희 중에 여호와를 경외하며 그의 종의 목소리를 청종하는 자가 누구냐 흑암 중에 행하여 빛이 없는 자라도 여호와의 이름을 의뢰하며 자기 하나님께 의지할지어다"(사 50:10)라고 말할 때 그 역시 같은 문제를 인식한 것처럼 보인다. 아마도 우리는 어두운 밤을 시편 23편에서도 맛볼 수 있다. 우리는 "어둠의 골짜기를 지나"가는 어떤 단계에 있을 수 있다(시 23:4, 문자적 번역).

성경의 위대한 인물들의 삶의 이야기들도 이런 경험의 실재를 밝히고 있다. 가멜산 위에서 바알의 제사장들과 대항한 후에 신체

---

46 Alexander Ryrie, *Silent Waiting*, Canterbury Press, 1999, pp. 170-171.

적 정서적으로 찾아온 탈진을 극복하는 동시에 두려움에 떨며 이세벨로부터 도망하는 엘리야를 생각해 보자. 하나님의 능력의 사람은 피곤하고 지쳐서 동굴로 피신하고 하나님에 의해서도 완전히 버림받았다고 느끼는 어두운 밤 속으로 빠져든다. 확실성과 자신감은 의심과 혼동으로 바뀌고 삶까지 체념한다(왕상 19:1-9을 보라).

또한 욥과 그의 신앙에 대한 투쟁은 어떠한가?

자신의 모든 소유를 거두어 갔을 때 그는 큰 시험의 시기를 지날 뿐만 아니라 그 후유증으로 이와 같은 하나님으로부터 버림받았다는 느낌을 견디어내야만 한다. 그는 "내가 복을 바랐더니 화가 왔고 광명을 기다렸더니 흑암이 왔구나"(욥 30:26)라고 한다.

부가적으로 적합하지 않은 그들 자신의 신학적 기준으로 그의 고통을 해석할 수밖에 없는 친구들이 지적하는 잘못된 조언을 인내해야만 한다. 욥이 이것을 자기 탓으로 돌렸을까?

모든 상담자들은 어두운 밤을 경험하는 사람들의 침묵을 이해해 주고 그들의 존재감 자체를 인정해 주어야 한다. 그것이 힐난하는 소리와 텅 빈 말이나 의미 없는 상투적인 말보다는 훨씬 더 나을 때가 있다는 것을 주목해야 한다. 그러나 욥은 신앙을 포기하거나 버리기를 거부한다. 그는 하나님께 외치며 그의 고통과 혼동 속에서 정직하게 말하지만 결코 하나님을 등지지 않는다.

결국에는 욥을 포함하여 아무도 그것을 모두 이해할 수 없었다. "왜"에 대한 답은 그들에게 신비한 것으로 남았다. 그들은 우리의 이해를 초월하시는 하나님의 진정한 위엄과 신비 앞에서 단지 침묵과 경외로 서 있었다(롬 11:33-35).

욥은 그의 인내 때문에(약 5:10-11) 그리고 엘리야는 그의 인간성과 독실함 때문에 신약성경에서 엘리야와 욥을 모범적인 예로 추천하고 있는 것은 흥미 있다. 이 목록에 베드로 사도를 추가할 수 있다. 베드로는 예수님을 부인한 후 영혼의 어두운 밤을-예수님이 예언했듯이 그의 영혼이 밀 까부르듯 하는 시기를 견디어 낸 것으로 나타난다(눅 22:31-32, 61-62).

그러나 어두운 밤의 경험으로 가장 알맞은 것은 당연히 겟세마네 동산에서와 십자가 위에서 당하신 예수님의 고통의 경험이다. 예수님의 어두운 밤은 먼저 겟세마네에서 제자들에게 실망하심에서 시작되었고 가룟유다의 배신으로 이어지고 마지막으로는 모든 사람에게 버림받은 일(마 26:36-56)에서 나타난다.

예수님은 홀로 고난의 잔을 마셔야 하는 괴로운 선택에 직면했고, 잘못된 판단으로 죽음을 당하게 되었을 때 홀로 산헤드린의 수치와 병사들의 학대를 당했다. 그리고 그가 십자가에 돌아가시자 마치 그의 내적 영적 황량함의 상징인양 어둠이 온 땅을 덮는다.

"나의 하나님, 나의 하나님, 어찌하여 나를 버리셨나이까?"(마 27:46)는 예수님이 하나님 아버지로부터 버림받는다는 것이 어떤 느낌인지에 대하여 처음으로 맛볼 때의 고통스러운 외침이다. 예수님은 모든 것에서 우리의 모범이시다.

그가 당한 고통을 통해 순종을 배웠다면(히 5:8), 우리가 왜 그러지 못할까?

이것이 주인이 갈 길이라면 종의 길도 그러해야 하지 않을까?

만일 어두운 밤과 같은 영적 경험의 실재를 인지하는데 있어서 성경적인 근거를 우리가 받아들인다면, "그것은 무엇 때문일까?" 그리고 "하나님의 부재 시 그의 사랑은 무슨 의미인가?"와 같은 질문을 하게 된다.

기억할 것은 우리가 여기서 우리 자신의 죄악으로 인해 혹은 위기나 상실 혹은 애도의 경험에서 오는 일종의 심리적 분리 현상을 말하는 것이 아니라는 점이다. 이것은 훨씬 더 깊고 오래 가며 우리에게 훨씬 더 전반적으로 영향을 미치지만 목적이 있어서 하나님께서 허락하신 것이다. 하나님께서 우리를 기뻐하지 않는다는 의미가 아니다.

어떤 사람은 이것을 고래의 캄캄한 뱃속에 붙잡혀있는 요나의 경험에 비교했다. 그것은 당신이 마치 아무 데도 가지 않고 있는 것 같지만 사실 하나님께서 어둠 속에서 당신이 가고 싶어 하는 곳으로 당신을 운반해 주고 있는 것이다. 어두운 밤은 우리 생각에 잘못된 방향으로 가고 있는 것 같지만 우리가 가야할 곳으로 인도한다.

우리는 결코 하나님을 온전히 알 수 없기 때문에 어느 정도의 신비는 하나님을 알아가는 부분이다. 하나님이 부재하신다는 우리의 감각은 그가 실제로 거기 계시지만 우리가 그에게 너무 가까이에 있어서 그의 빛에 가려졌기 때문일 수 있다. 하나님께 매우 근접해 있으면 어둠을 초래될 수 있다. 어둠으로 보이는 것이 사실은 빛에 가까워서 눈이 보이지 않게 된 것일 수 있다.

다윗은 하나님과의 만남을 묘사하면서 "그가 흑암을 그의 숨는 곳으로 삼으사 장막 같이 자기를 두르게 하심이여"(시 18:11)라고 말한다. 어떤 면에서 하나님은 우리를 위하여 그의 존재를 가리신다. 성전에서의 제사에서 주님의 임재가 그 장소에 매우 가득하여 제사장들은 구름 때문에 그들의 임무를 수행할 수 없었다. 솔로몬은 이것을 다음과 같이 설명했다.

> 여호와께서 캄캄한 구름 가운데 계시겠다고 말씀하셨다
> (왕상 8:10-13).

어두움을 자동적으로 하나님의 부재와 동일시해서는 않아야 한다는 것이 확실하다.

하나님께서 우리에게 어두운 밤이 오는 것을 허락하실 때 실제로 우리에게 가장 큰 칭찬을 하고 계신다고 볼 수 있다. 왜냐하면 그리 많지 않은 사람이 견디어 낼 수 없는 것을 경험하게 하시는 만큼 하나님께서 우리를 신뢰하고 계시기 때문이다. 이것은 이른 단계의 신앙 여정에 있는 사람들을 위한 것은 아니다. 이것은 하나님과의 진정한 친밀감을 갈망하는 아주 높은 수준의 사람을 위한 것이다.

어떤 관점에서 보면 하나님은 예수님의 고난에 동참하도록 우리를 부르시고 계신다고 말할 수 있다(빌 3:10-11). 예수님이 우리 대신 고난을 당하실 때 느낀 것을 우리가 조금이라도 느낄 수 있고 우리가 예수님을 공감할 때, 우리의 사고와 태도와 아버지 하나님의 뜻에 순복하는 데 있어서 더욱 그와 같이 되어간다.

그것은 모든 것, 즉 인생의 좋고 나쁨을 기쁘게 함께 나누고 어려움을 함께 지내왔기에 더 가까워지는 사랑하는 연인들의 연합

이다. 아마도 이것이 하나님을 가장 많이 사랑하는 사람들이 종종 왜 이러한 힘든 길을 걷도록 부름을 받는지 그 이유를 설명한다고 본다.

우리가 세상의 물질적인 것에서 떨어질 때 어두운 밤은 강렬한 정화의 시기임은 의심할 바 없으며, 우리 자신의 죄와 하나님에 대한 우리의 사랑이 얼마나 큰지 깨닫기 시작하는 것을 보게 한다. "떨어져 있으면 더 애틋해진다"라는 속담이 있듯이 하나님의 가까움에 대한 감각이 없어지는 것은 분명히 믿는 자가 하나님에 대한 갈망을 훨씬 더하게 할 뿐이다.

하나님의 사랑을 알고 경험하는 기쁨에 비교하면 그 밖의 어떤 것도 가치가 없다. 이것이 어두운 밤에 우리가 깨닫는 것이다. 영혼은 하나님에 대한 강렬한 갈망으로 가득해진다. 시편 기자는 "내가 간절히 주를 찾되 물이 없어 마르고 황폐한 땅에서 내 영혼이 주를 갈망하며 내 육체가 주를 앙모하나이다"(시 63:1; 또한 42:2; 143:6을 보라)라고 말한다. 어두운 밤은 종종 다가올 복의 전조이며 하나님과의 더 깊은 연합으로 가는 관문이다.

그러한 경험을 우리에게 오게 허락하심으로 하나님은 우리를 강하게 하시고 믿음으로 행하고 보는 것으로 행하지 않도록 우리를 가르치고 있다고 또한 말할 수 있다(고후 5:7). 하나님의 현존에 대한 증거가 우리 삶에서 모두 사라진 것처럼 보일 때 우리에게 "벌거벗은" 신앙만 남아서 하나님이 거기에 있다고 증명할 것이 하나도 없을지라도 우리는 그냥 그렇다고 믿어야 한다. 이것은 가장 순수한 신앙이다. 이것은 욥이 가지고 있는 신앙을 말한다.

욥은 "그가 나를 죽이시리니 내가 희망이 없노라"(욥 13:15)고 하고 "내가 가는 길을 그가 아시나니 그가 나를 단련하신 후에는 내가 순금 같이 되어 나오리라"고 한다(욥 23:10, 또한 벧전 1:7을 보라). 물론 사탄은 사람이 하나님 그 자체를 사랑할 수 있다는 것을 받아들일 수 없다. 그는 사람들이 하나님으로부터 무엇을 얻을 수 있기 때문에 하나님을 사랑한다고 믿는다. 욥의 이야기는 그것이 항상 그렇지 않다는 것을 증명한다.

그러한 시기에 하나님께서 무엇을 하고 계신다고 어떤 제안을 할 수 있지만 우리는 우리가 신비의 가장자리에 있으며 우리가 신중하게 말해야 한다는 것을 안다. 우리가 늘 하나님의 방법을 이해하는 것은 아니며 이러한 "미지의 것"과 함께 사는 것을 배우는 것은 성장의 일부분이다.

현명한 멘토로서 우리는 그러한 시기에 있는 다른 사람의 삶에서 일어나고 있는 일을 어떻게 해석할지에 대하여 서둘러서 의견을 내지 말아야 할 것이다. 그러나 우리는 민감성을 가지고 적절한 시기에 실질적인 조언을 제공함으로 그들이 그 어두움의 시기를 잘 통과할 수 있도록 안내할 수 있다.

어두운 밤을 경험한 여러 사람들이 하는 말은 그것과 투쟁하지 말고 함께 가는 것이 더 낫다는 것이다. 물론 부정적 상황을 거부하는 것이 맞을 때가 있지만 하나님께서 일하고 계신다고 탐지되면 우리를 다루시는 그의 은혜에 순복하는 것이 더 낫다.

그러나 그것이 수동적이 되라는 말은 아니다. 그러한 시간에 우리는 욥처럼 용기를 내어 하나님을 계속 신뢰하면서 가만히 대기하고 있기를 원할 것이다. 우리의 눈을 예수님에게 고정하고(히

12:1-3) 우리의 감정이 어떠한지에 상관없이 계속 하나님을 기쁘게 하기를 원할 것이다(시 34:1-3).

운동을 택하는 것이 실질적인 도움이 되듯이 하루의 일과를 마치고 피곤할 때 쉬는 것이 더 나을 수 있다. 어두운 밤을 지나는 동안 정신적이고 정서적인 혼란이 많이 있으며 잠이 쉽게 오지 않을 수 있다.

엘리야가 발견하였듯이 잠은 삶의 전반적인 영역에 회복을 가져올 수 있으며, 하루 밤의 충분한 휴식만으로도 우리가 겪어 나가는 것을 이겨낼 수 있는 능력에 대단한 차이를 가져올 수 있다.

그러한 시기에는 하나님께 정직한 것이 중요하다. 하나님께서는 우리가 쏟아내는 분노와 불만을 감당하실 수 있다는 것을 알고, 일기를 통해 우리가 느끼고 생각하는 것을 하나님께 솔직하게 말하는 것이 중요하다. 누구든지 어두운 밤과 같은 당황스러운 경험을 이해하고 이겨낼 수 있는 것은 아니므로 이 경험을 나눌 사람을 지혜롭게 선택해야 한다.

다시 한 번 우리는 형성된 멘토링 관계의 가치와 무슨 일이 일어나고 있든지에 상관없이 우리와 함께 동행하는 사람이 있다는 것이 복임을 알 수 있다.

마지막으로 우리는 주님을 인내하며 기다릴 수 있다. 사막의 교부 중의 한 사람인 니느베의 아이작(Isaac of Nineveh)은 이것을 "어둠의 시간이 지나갈 때까지 당신의 공간을 떠나지 말고 옷으로 머리를 감싸고 자라"고 하면서 잘 설명하고 있다.

어둠의 시간들이 우리가 하나님께 더 가까이 인도되는 과정의 일부라는 것을 깨달을 때 공포에 사로잡히거나 두려워할 필요가 없다. 우리는 구름은 전체의 일부이고 해가 다시 비칠 것이라고 믿으며 희망을 하나님께 둘 수 있다. 어두움은 영원히 가지 않으며 결국에는 지나갈 것이다. 우리는 다윗의 낙관주의를 나눌 수 있다.

> 내가 산 자들의 땅에서 여호와의 선하심을 보게 될 줄 확실히 믿었도다 너는 여호와를 기다릴지어다 강하고 담대하며 여호와를 기다릴지어다(시 27:13-14).

어두운 밤은 보통 과도기에 중요한 영적 성장을 가져오는 것을 종종 목격한다. 이것을 깊이 생각해볼 때 8장에서 소개한 해그버그와 굴리히가 묘사한 것처럼, "중요한 여정"의 단계들에 연결되는 것을 알 수 있다.

나는 어떤 사람에게는 "벽"의 경험이 어두운 밤의 형태로 올 수도 있다고 생각한다. 그것은 해그버그와 굴리히가 제시한 신앙 여정의 단계들에서 자기 자신을 의지하는 삶을 사는 "성과 있는 삶"의 단계에서 "외적 여정"의 단계와 하나님께 의지하는 특징이 있는 "사랑의 삶"의 단계로 가는 과도기적 단계에서 올 수도 있다. 그것이 이 단계에서 나타날 때 어두운 밤은 깨어짐의 장소가 되는데, 브루스 데마레스트는 그 효과를 다음과 같이 길 요약한다.

> 어떤 시기에 하나님의 섭리로 스스로 멀리하시어 빛이 어둠이 되게 하신다. 영적으로 하나님의 부재는 육적인 집착의 비움인 진공상태를 만든다. 예를 들면 사람과 사물

에 대한 우리의 의존이 안정을 주지 못하고 지위나 돈에 대한 우리의 의존이 힘을 약화시키는 등… 그래서 하나님께서는 어두운 밤의 고통을 통하여 자족과 감각적인 것과 교만에 깊이 뿌리 내린 것들에 "영적 수술"과 같은 것을 행하신다.[47]

어두운 밤은 해그버그와 굴리히가 "사랑의 단계"로 묘사한 여섯 번째 단계에서도 나타난다. 이 단계는 분명히 매우 성숙한 단계로 하나님께 완전히 순종하고 세상의 것에서 분리되며 하나님의 뜻에 기쁘게 포기하는 특징이 있다. 이 단계의 사람에 대한 그들의 묘사는 어두운 밤의 결과인 자기 비움과 잘 맞는다.

우리는 유명하거나 부유하거나 성공하거나 눈에 띠거나 목표 지향적이거나 "영적"인 것에 야망이 거의 없다. 우리는 하나님께서 그의 영을 계속 넘치게 부어 주시는 그릇과 같다. 우리는 성령 충만하지만 조용하고 겸손하다. 우리 삶에 성령의 임재가 널리 스며 있어서 성령의 일을 하는 것에 대해 특별히 의식하지 않을 수 있다. 우리는 하나님께서 우리 삶을 통해서 아주 자연스럽게 그리고 예상치 않게 그러나 분명하게 움직이시는 것에 익숙해 있기 때문에 성령을 염두에 두고 있지 않는다.[48]

---

[47] Demarest, *Satisfy Your Soul*, p. 214.
[48] Hagberg and Guelich, *The Critical Journey*, pp. 153–154.

어두운 밤의 결과가 있다면 그리고 그러한 경험을 실제로 찾고 있지 않았지만 그것을 환영할 수 있다면, 하나님께서 지혜와 사랑으로 그것을 주기로 결정했음이 틀림없다. 그리고 우리 자신에 대해서 이러한 이해를 한다면 다른 사람들을 위하여 "등불을 비출" 수 있다. 밤이 매우 어두울 수 있을 때에 그들의 발에 등이 되고 그들의 길에 빛이 될 말씀(시 119:105)을 그들에게 제공하면서 말이다.

제 12 장
단체 여행: 소그룹 영적 멘토링

나는 자주 싱가포르에 여행을 가는데 내가 작성해야 할 입국심사 카드는 늘 같은 질문을 한다. 그것은 혼자 여행하느냐 아니면 그룹 여행인가이다. 나는 보통 혼자 여행하지만 다른 사람들은 여행 단체에 속하여 그룹으로 여행을 하며 이에 대해 할 말이 많이 있다. 단체 여행은 훨씬 싸고 훨씬 더 안전하며 (알맞은 동반자와 같이 간다는 전제로) 매우 재미있을 수 있다.

우리는 멘토링 과정을 일대일 상황에서 생각해 보고 있었지만 소그룹 환경에 그것을 접목하기에 매우 좋은 이유들이 있다. 영적 삶은 멋진 고립 속에서 사는 것이 아니다. 다른 사람과의 실제 관계 안에 바탕을 두어야 한다.

로버트 벨라(Robert Bellah)가 말했듯이, "우리는 스스로 우리 자신을 결코 알 수 없다. 우리는 다른 사람들을 마주보고 나란히 서서 일하고 사랑하고 배우면서 우리가 누구인가를 발견한다."[49]

---

[49] Robert Bellah, *Habits of the Heart*, Winston-Seabury Press, 1982, p. 79.

소그룹은 늘 영적 성장의 기초 단위였으며 대부분의 교회들은 그것을 교회 생활의 중요한 부분으로 본다. 영적 멘토링은 노동 집약적 사역이며 특성화된 소명에 관한 것이다. 유용한 멘토들의 수를 증가시킬 수 있지만 공급이 수요에 비하여 늘 부족할 것이다. 영적 멘토링을 소그룹 사역으로 만들면 그것을 더 쉽게 가능하게 할 수 있으며 그 혜택을 상당히 증가시킬 수 있다.

더 나아가 소그룹 환경은 사람들이 그들의 삶의 이야기를 나누고 같은 길을 가고 있는 사람들이 서로 만나는 기회를 자연스럽게 제공한다. 사람들의 수가 작을수록 친밀감이 더 커지며 비공식적인 환경(가정이나 커피숍이나 혹은 그 밖의 장소에서든지)은 마음을 열고 솔직하게 나누게 하는 편하고 환영하는 장소를 제공한다. 소그룹 멘토링에서 가장 흥미 있는 것은 그것이 포스트모던 세대인 젊은이들의 필요에 매우 적합하다는 것이다.

오늘날 젊은이들이 영적이지 않은 것은 아니다. 사실 그들은 영적인 것에는 매우 열려 있지만 종교 기관들이나 교리적 접근에 대해서는 의심할 수도 있다. 그들은 탐구하고 토론하며 질문하고 발견할 수 있는 개방성을 원한다. 그들은 관계를 매우 가치 있게 여기며 의미를 찾아가는 길에서 다른 사람들과 관계를 맺기 원한다. 그들은 그들 자체로 수용되고 솔직하고 진실하기를 원한다. 그들은 모호함에 대해서 불편해 하시 않으며 신비를 두려워하지 않는다. 미국의 영적 지도자이며 목사인 헤더 웹(Heather Webb)은 영적 필요에 접근하기에 소그룹 사용을 찬성한다.

> 우리는 역사상 신앙과 의미에 대한 갈망이 증가하고 있는 시점에 와 있다. 우리는 연결과 관계 그리고 자신보다 더 큰 무엇에 대한 소속감으로 갈급한 사람들을 만난다. 신앙과 교회에 대한 우리의 가정을 다시 고려해 볼 마음이 우리에게 있다면 갈급한 사람들에게 상상할 수 없을 만한 분량의 신앙의 진수성찬을 제공할 수 있다.[50]

질문에 열려있고 참여하는 사람들이 그들의 생각과 감정을 탐구할 수 있게 하는 소그룹은 10장에서 언급한 부류의 사람들에게 이상적이다. 과거에 그들이 교회에 만족하지 못하고 떠돌아다녔으며 어렵고 곤란한 질문들을 했었지만 많은 사람들은 그들이 추구하는 것을 존중해 주고 환영하는 그룹이 있다면 그 그룹의 일부가 되기를 좋아할 것이다. 영적 멘토링에 초점을 맞추는 따스하고 수용하는 그룹은 그러한 떠돌이들에게 신앙 여정에서 비바람을 맞이할 때 피할 수 있는 피난처를 제공할 수 있다.

데이비드 베너도 소그룹에서 영적 멘토링을 도입하는 것을 지지하는 사람으로 그것이 교회를 위한 소망이라고 묘사한다.[51] 그는 성경공부나 친교가 아닌 영적 우정과 지도를 제공할 특별한 목적으로 만나는 그룹을 묘사한다. 그는 그러한 그룹은 네 가지 기본적인 생각을 가지고 운영되어야 한다고 제안한다.

---

[50] Heather Webb, *Small Group Leadership as Spiritual Direction*, Zondervan, 2005, p. 24.
[51] Benner, *Sacred Companions*, 8장.

●답변 보다는 질문에 우선순위를 두기

영적 여정은 필연적으로 수많은 질문들을 우리에게 던지기 때문에 질문하는 것을 두려워하지 말아야 한다. 모든 질문에 답이 있다는 압박을 느끼지도 않아야 한다. 교회는 진리를 찾은 자뿐만 아니라 추구하는 자에게도 편한 곳이어야 한다.

●기도 충만한 경청

목적은 하나님을 경청하고 서로서로 경청하는 것이 자연스러워지게 하는 기풍을 발전시키는 것이다. 그러므로 그룹이 하나님께 주의를 기울일 때 침묵은 중요한 요소가 될 것이다.

●영적 경험 나누기

나눔은 그냥 일상적인 수다가 아니라 참여자가 매일의 삶 가운데서 경험한 하나님에 관한 이야기를 중심으로 한다. 영성 일기를 씀으로 사전에 그룹 모임을 준비하고 그들은 그들의 삶에서 일하고 계신 하나님을 그들이 어떻게 지각하고 있는가에 대하여 나눌 것을 가지고 모임에 온다. 각 사람이 자신의 이야기를 나눌 수 있는 기회를 주고 다른 사람들은 각 사람의 이야기를 듣는다.

●지지와 수용의 분위기

회원들은 조언을 하기 위해서가 아니라 듣고 용기를 주기 위하여 거기에 있다. 그들은 사랑으로 진실을 말하며 하나님께서 주신 것으로 느끼는 통찰을 제공한다. 그러나 그것도 받아들이기를 요구하는 것이 아니라 고려해 보도록 하는 열린 방식으로 한다.

그러한 그룹이 어떻게 형성될까?

처음에 이러한 모임의 필요를 느낀 누군가에 의해 시작될 수 있고 그 모임의 구성원들은 영적 멘토링에 대한 유사한 욕구를 나누는 사람들과 다른 사람들의 영적 여정에서 신실하게 지지할 사람들일 것이다.

이와 같은 그룹은 높은 신뢰와 일치된 목적을 필요로 하기 때문에 시작할 때 그룹 서약을 함께 하는 것이 도움이 될 수 있다. 그 구성원들은 하나님과의 정직한 관계에 전념하며, 기도하는 마음의 경청과 응답으로 그룹 멘토링 과정에 전심으로 참여하고, 자신의 영적 여정에 대한 다른 사람의 분석에 마음을 열어야 할 것이다.

그룹의 규모는 최대한 6명으로 작아야 한다. 이보다 더 많은 인원의 그룹은 처음에는 함께 시작할 수도 있지만 나중에 경청 과정에서는 작은 단위로 나뉘어져야 한다. 그룹은 같은 성별로(마음을 열기가 더 쉬울 수 있다) 이루어질 수도 있고 남녀가 함께(다른 관점을 줄 수도 있다) 모일 수도 있다. 다양성이 격려되어야 하며 연령과 성격과 사회적 위치와 같은 것들이 장애물이 되어서는 안 된다.

로즈 메리 도허티(Sister Rose Mary Dougherty)는 소그룹을 이러한 방식으로 사용한 선구자이다. 그녀는 영적 지도의 과정에서 조력자들과 잠정적 참여자들을 훈련시켰으며 그 그룹이 매달 모이도록 했다. 그녀는 그 과정을 이렇게 묘사한다.

> 그룹 영적 지도는 신비에 바탕을 둔다. 우리는 침묵, 참여자의 나눔, 침묵, 그룹의 응답, 침묵으로 이어지는 아주 단

순한 과정을 존중하고 지지한다. 우리는 모든 사람이 나누고 그룹의 응답을 듣는 시간을 가질 때까지 그 과정을 반복한다. 우리는 추가로 마지막 몇 분 동안 함께 모인 시간을 반추한다.[52]

좀 더 살을 붙이면, 그룹 영적 멘토링은 다음과 같이 운영될 수 있다. 모임은 통성기도나 침묵기도로 시작하여 그 다음에는 일상의 분주함과 열심과 과제 지향의 마음을 진정시키고 그러한 생각을 마음에서 떠나보낸다. 각 참여자는 다음의 방식으로 30분 정도의 시간을 갖는다.

- **15분 동안의 나눔**

기도, 성경 읽기와 공부, 예배, 그밖의 훈련, 삶의 경험과 관계 그리고 봉사를 통해 어떻게 주님의 말씀을 듣고 응답했다고 생각하는지에 대해서, 그리고 그들이 주님을 잘 따르며 하나님의 복을 감지하고 있다고 느끼는 부분에 대해서, 그리고 그들이 저항이나 의문이나 정체된 것 같거나 하나님께서 "부재"하신 것처럼 보이는 것을 느끼는 부분에 대해서 나눈다.

---

52 Rose Mary Dougherty, *Group Spiritual Direction*, Paulist Press, 1995, p. 35.

● 2분 동안의 침묵과 기도와 반추

그룹 구성원들은 개인이 나눈 내용을 통해 주님이 말씀하시고 초대하거나 물을 수 있는 것이 무엇인지 고려해 본다. 그들은 말하기에 적절한 것이 무엇인지 적을 수 있다.

● 10분 동안의 그룹 피드백과 대화

그룹 구성원들이 긍정하고 질문하고 성경 말씀과 기도하는 마음으로 참여해 줌으로써 자신의 이야기를 나눈 개인은 하나님의 영이 인도하시는 것이 무엇인지 명료화하고 분별하도록 도움을 받는다. "뭔가 고치라"는 식으로 조언하는 것을 삼가며 기도하는 마음으로 성령의 음성을 듣는 마음가짐을 배우고 서로 더욱 하나님 중심이 되어 더욱 하나님께 의지하게 한다.

● 2-4분 동안의 침묵과 기록과 기도

잠간의 시간을 가진 후에 다음 사람이 말할 차례가 되며 그 순서는 반복된다.

구성원들이 모두 자기의 이야기를 나누고 나면 그 그룹은 그들이 함께한 시간의 일반적인 특성과 내용에 관하여 관찰해 본다. 주님이 말씀하시고자 하는 것이 무엇일지 그리고 그들이 서로 간에 그리고 주님께 기도하는 마음으로 주의를 기울였는지 아닌지에 관하여 소견을 나눌 수 있다. 종종 그룹 모임은 몇 분 동안 기도를 서로 나누고 감사를 표현하며 적질한 것이 무엇이든지 그것을 하나님의 돌보심에 맡기면서 마친다. 때로 침묵기도를 나누거나 함께 찬송을 부르면서 마치는 것이 더 나을 수도 있다.

처음에 인사하는 것을 제외하고는 긴 사교적 대화는 그룹 모임이 끝난 후에 하는 것이 좋다.

여기에서 묘사하고 있는 것을 규범처럼 꼭 지켜야 하는 것은 아니다. 그룹이 나름의 리듬이나 패턴을 개발할 수 있지만 여기서 묘사한 것은 소그룹이 어떻게 기능하는지 생각해 보는데 도움이 될 것이다. 나는 5명의 교회 지도자들로 구성된 소그룹에서 정규적으로(6-8주에 한번씩) 만나서 함께 하나님을 추구하는 시간을 가지는 기쁨이 있다. 우리는 하나님과 동행하는 데 있어서 서로 격려하는 것 이상의 다른 안건이 없다.

우리는 가까운 리트리트센터에서 만나며 커피를 마시며 서로의 안부를 묻고 남은 아침 시간은 기록하고 성경을 읽고 우리 자신의 삶을 반추하면서 개인적 침묵의 시간으로 보낸다. 그후에 우리는 점심식사(친교 시간)를 함께하기 위하여 모인다.

그 다음에 우리는 위에서 설명한 것과 비슷한 방식으로 서로의 이야기를 나눈다. 그것은 우리 각각에게 가장 중요한 시간이다. 우리는 현재 이것을 몇 년 간 해오고 있어서 서로 신뢰하고 감사하는 수준이 높다. 하지만 외향적인 사람들은 침묵을 조금 어려워하는 부분으로 여긴다.

헤더 웹은 오늘날의 영적 기후가 높다는 전제 하에 이것은 소그룹이 취해야 할 미래의 모습이며 인도자나 조력자는 그냥 좋은 선생이나 토론 인도자가 되는 것 이상의 새로운 은사가 필요할 것이라고 믿는다. 그녀는 가장 중요한 것이 소그룹 지도력을 영적 지도로 보게 되는 것이라고 제안한다. 다른 말로 하면 우리는 소그룹 지도자들에게 그 그룹의 영적 지도자로 행동하는 기량을 제공해야 한다. 그녀는 다음과 같이 말한다.

> 의문을 인식하고 신앙과 영성에 대한 어려운 질문을 하는 다른 사람들을 지지하는 그리스도인들에게 새로운 시대가 열렸다. 영적 지도에 기초한 소그룹들은 포스트모던 문화에 다가가서 금을 꺼내오는 훌륭한 도구를 교회에 제공한다.[53]

사실 소그룹과 영적 지도를 합하는 것은 공동체 삶에 대한 새로운 모델을 만들 수 있다. 성경공부모임과 복음주의 교회에서 하는 셀 모임이 자리하고 있지만 소그룹이 사람들을 하나님과 서로서로에게 더 가까워지도록 이끄는 것 외에 다른 것은 필요치 않다.

웹은 소그룹이 이러한 특성을 가지기 위해 세 가지 모델을 우리에게 제안한다.

첫 번째는 이야기 중심 그룹이다. 교회는 항상 상처 받은 자와 낙담한 자와 결점이 있는 자의 피난처였다. 소그룹은 구성원들과 그들의 이야기를 보호해 주는 장소를 제공할 수 있다. 소그룹은 처벌이나 판단에 대한 두려움 없이 그들의 비밀을 나눌 수 있는 장소가 될 수 있다. 삶과 신앙 이야기들은 하나님께 나아가는 여정의 구성 요소이며 사람들은 그것을 나눌 기회가 필요하다.

---

[53] Webb, *Small Group Leadership as Spiritual Direction*, p. 123.

모임 때마다 한 사람을 중심으로 하여 과거로부터 지금까지 그에게 일어난 서너 가지 굵직한 순간들을 나눈다. 그 그룹은 피드백을 제공하거나 나눈 것을 터놓게 할 질문의 기회를 가진다. 지도자는 진행 과정을 안내하고 다른 구성원들에게 기도하는 마음으로 응답을 하게 한다.

두 번째 모델은 문서 중심 그룹이다. 여기서 성경 말씀이 사용되지만 성경만 사용되는 것이 아니며, 성경은 그 그룹이 하나님의 음성을 듣는 성향을 반추하는 방식으로 사용된다. 아마도 렉시오 디비나(Lectio Divina, 부록B를 보라)와 같은 접근방법을 사용할 수 있다. 이것은 때로 관상적 성경 읽기로 묘사된다. 그것은 성경 본문의 의미를 두고 논쟁하지 않고 하나님께서 우리에게 말씀하시는 것을 우리가 들을 수 있다는 의미이다!

이 그룹이 영적 고전을 읽을 수도 있고 현대 소설을 읽고 토론할 수도 있고 영화를 보는 것도 고려해 볼 수 있다. 하나님은 수많은 방식으로 우리에게 말씀하신다. 문화를 통해서도 그렇고 여러 생각지 못한 곳에 숨겨진 그의 말씀을 우리는 발견할 수 있다.

세 번째 웹의 제안은 기도 중심 그룹이다. 이것은 영적 멘토링의 전통 모델과 가장 근접한 것이다. 의도적으로 장소를 마련하고 침묵함으로써 이러한 그룹은 하나님의 음성을 더 잘 들을 수 있는 상황을 제공한다. 때로 이 그룹은 관상적 기도에 몰입할 수도 있고, 때로는 앞서서 묘사한 "나누고 듣는" 패턴을 따를 수 있다. 이 그룹은 사람들이 그들의 삶에 대한 하나님의 뜻을 분별하도록 돕는데 초점을 맞출 수 있다.

위에서 말한 그룹 양식은 모두 새 신자들에게 적합할 수 있다. 소그룹은 포스트모던 시대에서 복음적 잠재성이 엄청나다. 특히 영적 지도 접근방법을 적용한 소그룹들은 더욱 그러하다. 그것들은 영적 추종자들이 기독교 신앙을 탐구하는 데로 건너갈 수 있는 다리를 제공할 수 있다. 다른 사람에게 진정으로 마음을 열고 그들의 이야기를 듣고 그들의 질문에 함께 관여함으로써 우리는 진리가 발견될 수 있는 환경을 제공할 수 있다.

영적 멘토링은 대화와 정직한 탐색과 개인에 대한 존중을 가능하게 한다. 그것은 믿음을 강요하거나 응답을 요구하지 않는다. 단지 그 여정에 동반하기를 추구한다. 그래서 그것은 신앙의 문제에 호기심이 있지만 교회에 다니기를 두려워하는 사람들에게 안전한 집을 제공한다. 그것은 오늘날 많은 영적 추종자들에게 신앙의 삶으로 들어오도록 환영한다.

소그룹에서 영적 멘토링을 하는 방향으로 가는 움직임이 교회의 전반적 삶에 어떻게 통합될 수 있을까?

좀 더 큰 교회들은 영성 형성에 전문성을 가진 교역자를 세울 수 있다. 나는 싱가포르에 이것을 그대로 하는 친구 한명이 있다. 그녀의 역할은 교회의 소그룹들이 리트리트와 침묵의 날을 위한 시간을 가지도록 격려하고 교역자들을 위해 이것을 돕는 것이다. 그녀는 영적 멘토링으로 사람들을 훈련시키고 이것은 개인별로도 제공할 수 있다. 그러한 교회들은 특별한 멘토링의 목적을 위해 기존의 소그룹을 쉽게 유보하여 이미 언급한 "방랑자들"을 위한 지지 그룹을 제공할 수도 있다.

중형 교회들은 이 사역에 교역자를 할애하지 못할 수 있지만 평신도를 영적 멘토링으로 훈련시켜 회중을 위해 사역하게 할 수 있다. 구성원들이 하나님의 음성을 듣는 것을 돕는 훈련을 지도자들이 받으면 아마도 소그룹은 한 달에 한 번씩 영적 지도에 초점을 맞출 수 있다. 자원이 적은 작은 교회에서도 하나의 소그룹이 이 목적을 위해 사용될 수 없는 이유는 없다. 지도자 스스로 멘토링 훈련을 받을 수 있고 그것을 그들의 목회 사역에 적용할 수 있다.

교회의 크기와 상관없이 설교하는 사람들의 궁극적 목표는 사람들이 그리스도 안에서 그들의 진정한 정체감을 발견하고 하나님과 친밀함을 즐기고 하나님의 뜻에 응답할 때 그들 고유의 소명을 발견하도록 돕는 것임을 염두에 둘 수 있다.

우리가 단지 하나님의 말씀을 어떻게 설명할 것인가만 아니라 그것을 듣는 사람들이 그것을 어떻게 전략적으로 적용할 것인지를 고려하려면 설교 자체가 영적 지도의 형태가 될 수 있다. 회중은 그 결과 더 건강해지고 더 활성화되며 더 큰 효과를 볼 수 있게 될 것이다.

제 13 장
쉴 만한 곳: 리트리트와 조용한 시간을 통한 영적 멘토링

고속도로에서 보통 보이는 표지판 하나는 "피로가 목숨을 빼앗는다. 휴식을 취하시오"라고 냉혹한 경고를 한다. 졸음이 도로 사고의 주요한 원인이라는 것은 증명된 사실이다. 사람들은 지쳐서 운전 중에 잠에 빠진다. 긴 여행 중에는 잠간 쉬고 휴식을 취하는 것이 좋다. 목적지에 안전하게 도달하기 원한다면 도중에 회복할 수 있는 시간을 마련하여 생기를 되찾을 필요가 있다. 영적 여정에서도 마찬가지이다.

오늘날 많은 사람들의 심금을 울린 『메시지성경』(*The Message*, 유진 피터슨이 성경 원문을 일상의 언어로 옮긴 책-역주)에 특정한 문구가 있다. 마태복음 11:28-30에 나오는 예수님의 말씀으로 피터슨이 이해한 번역은 친숙한 말씀을 현대 시대에 알맞게 공감을 준다.

피곤한가? 지쳤는가? 종교에 탈진했는가? 내게로 오라. 나와 함께 있으면 너의 삶이 회복될 것이다. 진정한 쉼을

> 쉬는 방법을 보여주겠다. 나와 동행하며 나와 함께 사역하
> 라—내가 어떻게 하나 보라. 힘들이지 않아도 오는 은혜의
> 리듬을 배우라. 나는 네게 무거운 것이나 맞지 않는 것을
> 지우지 않을 것이다. 나와 늘 동행하면 자유롭고 가볍게 사
> 는 것을 배울 것이다.

이 말씀이 특히 높이 평가되는 이유는 우리들 마음에 깊이 공감되기 때문이다. 그렇다, 우리는 피곤하고 지쳐있다. 그리고 우리는 적극적인 종교 활동이 우리를 탈진하게 하는 위험이 있다는 것을 안다. 그래서 우리 삶을 회복하기 위하여 쉼을 취하라는 예수님의 초대를 들을 때 우리는 응답하기 원한다. 우리는 힘들이지 않아도 오는 은혜를 배우기 원하며 자유롭고 가볍게 사는 것을 발견하기를 간절히 원한다. 믿지 않는 사람들을 위한 가장 위대한 복음으로 여겨졌던 것이 이제는 여행으로 지친 순례자들에게 가장 활기를 띠게 하는 놀라운 초대장으로 여겨진다.

영적 멘토링에서 솟아오르는 물결과 손잡고 조용한 시간과 리트리트의 인지도가 극적으로 증가하고 있다. 물론 이 둘은 매우 밀접하게 연결되어 있다. 왜냐하면 영적 멘토링은 근본적으로 성경 본문 안에 있는 예수님의 말씀이 살아나서 사람들에게 진짜로 느껴지게 하고, 최고의 멘토링은 "시간을 낸" 상황에서 이루어지기 때문이다. 이번 장에서는 그러므로 사람들이 조용한 시간으로 이끌고 그들이 리트리트를 하도록 돕는 것이 영적 멘토링 사역을 어떻게 강화할 수 있는지를 살펴보려 한다.

하나님과의 관계에 초점을 맞추기 위하여 우리 삶의 일상에서 비켜서는 데에 큰 가치가 있다. 종종 보통의 일상에서는 성찰의 시간이나 잠시 멈추어서 우리 삶이 어디로 가고 있는지 생각해 볼 기회가 거의 없다. 우리는 그저 다음에 다가오는 것에 응답하면서 산다. 우리가 더 심오한 사람이 되려면 의식적으로 우리 자신을 위해 "신성한 공간"을 만들어야 한다.

거리를 두는 것은 우리에게 어떤 관점을 제공한다. 우리가 일상의 격렬함에서 한발자국 뒤로 물러서면 상황을 종종 더 명확하게 볼 수 있다. 일상에서 떠나는 것은 문제와 이슈들을 더 객관적으로 보게 하며 관점을 새로 얻도록 도울 수 있다.

미국의 우주인 제임스 아이린(James Irwin)은 달에서 볼 때 지구가 아주 작게 보인다고 말했다. 가까이서 보면 우리에게 매우 중요한 것처럼 보이는 것이 사실은 뒤로 물러서서 보면 훨씬 덜 중요해 보일 수 있다. 단순히 다른 환경에 처하는 것이 자아도취를 막고 우리의 영을 들어 올리며 하나님께서 하시는 말씀을 듣기 위해 더 나은 장소에 우리를 두게 한다.

휴식을 취하는 것이 잠시 리트리트를 하기 위한 중요한 또 하나의 이유이다. 그것은 우리가 책임을 회피하거나 게으르게 되거나 방종하는 것이 아니다. 우리는 모두 생기를 회복하기 위하여 우리 자신을 위한 시간이 필요하다. 초대 교회 신부들 중의 한 분인 존 크리소스톰(John Chrysostom)은 한 번도 줄을 느슨하게 하지 않은 활은 쉽게 망가진다고 말했다.

우리는 기계가 아니기 때문에 계속 일할 수 없다. 우리는 일곱 날 중의 하루는 적어도 쉬어야 할 필요를 가지게 만들어졌다. 우리를 만드신 이의 사용 설명서가 있는데 그 설명서에 의하면 우리의 삶은 그것을 따를 때 그리고 지친 것이 아니라 쉼을 얻은 느낌으로 마칠 때 더 잘 작동된다. 우리는 다른 사람을 위해 계속 내어 주도록 만들어지지도 않았다. 왜냐하면 우리가 에너지나 연민의 원천을 끊임 없이 가지고 있는 것이 아니기 때문이다.

우리는 우리 자신을 위해 원기 회복을 해야 할 필요가 있다. 그 후에 우리는 다른 사람에게 내어 줄 수 있다. 영혼 돌봄은 우리 자신을 돌봄으로 다른 사람에게 계속 유용하게 될 수 있는 방식이다. "너희는 따로 한적한 곳에 가서 잠깐 쉬어라"(막 6:31)는 말씀은 지친 제자들에게 하신 예수님의 부름이다.

속도를 늦추고 고요함을 찾는 것은 결코 쉽지 않지만 영성 형성이라는 면에서 엄청난 혜택을 준다. 우리 안에서 무슨 일이 일어나고 있는 지 들으려면 침묵이 필요하다. 계속되는 소음과 서두름은 우리의 진정한 상태를 가리며 우리가 정말로 가만히 있을 때 우리 자신의 치유와 온전함에 대한 필요를 깨달을 수 있다.

더 나아가 침묵은 영적 민감함을 더 쉽게 발전시킬 수 있는 환경을 제공한다. 주의를 산만하게 하는 TV, 인터넷, 핸드폰 사용을 끊으면 미세한 하나님의 음성을 더 잘 들을 수 있다. 주님이 "너희는 가만히 있어 내가 하나님 됨을 알지어다"(시 46:10)라고 말하는 것이 이상하지 않다.

멘토리에게 조용한 시간이나 리트리트를 가질 기회를 제공함으로써 우리는 이미 그들을 돕고 있는 것이다. 단순히 그들이 "영혼의 장소"를 만들도록 돕는 것은 위에서 설명한 이유로 그들에게 이미 혜택이 될 것이다. 그러나 조용한 시간이나 리트리트는 바쁜 일상에서는 불가능한 문제를 더 깊이 다루거나 진정한 "내적" 영혼의 작업을 할 수 있는 기회를 멘토로서 우리에게 제공한다.

조용한 시간은 리트리트의 기본적 단위이며, 그 용어의 의미는 말 그대로 조용히 보내는 시간이라는 뜻이다. 시간을 내기가 어려우면 아침시간이나 저녁시간을 이용할 수 있다. 그러나 온 종일을 조용히 보내면 긴장을 풀고 편히 쉬며 하나님과 쉽게 관계 맺을 수 있는 지점에 도달할 수 있는 공간을 우리에게 훨씬 더 많이 제공한다.

기도하고 독서하고 예배하고 성찰하면서 홀로 시간을 보내기에 많은 사람들에게 하루는 그리 길지 않다. 그것은 쉴 기회와 걷기와 같은 건강한 운동을 위한 기회를 또한 제공할 것이다. 영적 멘토와 함께 그러한 하루를 보낼 수 있다면 훨씬 더 낫다.

멘토는 시간을 어떻게 사용할지를 조언해 줄 수 있을 것이며 우리가 하고 싶은 말이 있으면 경청해 줄 수 있을 것이다. 어떤 리트리트센터는 은사 있고 알맞은 강사가 인도하는 조용한 시간을 마련한다. 그리고 어떤 사람들은 이러한 좀 더 구성된 것을 더 좋아한다. 보통 최소한의 강연이 있는데 거기에 있는 것은 사람들에게 하나님과의 개인적 시간을 바른 방향으로 향하게 할 것이다.

조용한 시간도 도움을 많이 주지만 사람들이 영적으로 성장하도록 돕는 일에서는 거주하는 리트리트만큼 좋은 것은 없다. 세계 곳곳에 이제 리트리트센터가 많이 있다. 종종 평화롭고 조용한 시간을 쉽게 찾을 수 있는 아름다운 환경에 둘러싸여 있고, 기도와 예배로 여러 세대를 거치며 세워진 영적 분위기가 있는 곳에 있다. 사람들이 긴장을 풀고 육체적으로 쉬게 되어 하나님께 더 잘 응답하기에 2-3일 동안은 더 많은 시간을 준다. 길어진 시간은 하나님께서 그들의 삶에 하시는 말씀과 행하시는 것에 그들이 방해를 받지 않고 더 잘 집중할 수 있게 한다. 짧은 2-3일 동안 얼마나 많은 것들을 할 수 있는지는 늘 나를 놀라게 한다.

영적 멘토링과 리트리트를 병합할 수 있는 두 가지 방식이 있다.

첫째, 종종 개인적으로 지도받는 리트리트(individually guided retreat)라고 불리는 것이다. 여기서 멘토는 그 개인에게 맞추어진 접근방법으로 멘토리와 일대일 작업을 한다. 두 사람은 보통 아침에 만나고 늦은 오후나 저녁에 다시 만나는 식으로 하루에 두 번씩 만난다.

첫 번째 만남에서는 멘토리의 말을 경청하고 그 후에 멘토는 성찰을 위해 성경 말씀을 제안할 수 있고 혹은 부록A에 있는 것과 유사한 영적 훈련을 제공할 수 있다. 그 다음의 만남은 첫 시간에 부각된 문제들을 중심으로 짜일 것이다. 그 과정은 여행 그 자체처럼 펼쳐질 것이다. 그 과정이 그들을 어디로 데리고 갈지 아무도 온전히 모른다. 두 사람은 성령의 인도하심에 마음을 열고 찾아야 할 것이다.

나는 최근에 옥스퍼드 지역 외각의 아름다운 리트리트센터에서 세 명으로 구성된 그룹을 개인적으로 지도하는 리트리트를 인도했다. 우리는 함께하는 시간으로 시작했다. 성경 말씀 중 적절한 말씀에서 간략한 메시지를 나누고 그들이 어떻게 시간을 가장 잘 사용할 수 있을지에 대한 실천적 제안을 했다. 그리고 나서 나

13장 쉴 만한 곳: 리트리트와 조용한 시간을 통한 영적 멘토링

는 각각 개인별로 하루에 두 번씩 만나서 그들이 특별히 관심을 가지고 있는 것에 대해 답을 찾아보았다.

리트리트 동안 각 사람은 자기 자신의 행로를 따라갔다. 생각하고 기도할 시간을 가지고, 걷고 쉬고, 단순히 그들이 보통 책임져야 할 것들에서 멀리 떨어져 있는 것을 즐겼다. 우리는 아침과 저녁에 만나서 함께 기도했지만 이것은 좀 간결했고 노오썸브리아 공동체의 그리스도 중심의 단순한 의식을 수행했다.[54]

나는 매일의 기본적 리듬, 즉 그것을 중심으로 사람들이 행할 수 있는 구조를 제공하는 것이 도움이 되었다. 나는 세 사람 모두 그 전부터 알고 있었다. 그들은 각각 다른 지역의 교회에서 책임 있는 지위를 가지고 있었기에 중간 지역에서 함께 만났고 이러한 상황이 이들 각각과 함께 더 많은 작업을 할 수 있는 기회를 내게 주었다.

둘째, 영적 멘토링과 리트리트를 결합하는 방식은 지도받고 설교를 듣는 리트리트의 방법에 의해서이다. 이것은 특히 이 경로에서 막 시작한 사람들, 즉 다른 사람들과 함께 하는 것을 즐기고 성경 말씀에 기초한 교회 전통에서 온 사람들에게 적절하다.

보통 전반적인 주제가 있어 리트리트 지도자로부터 영적인 투입이 있다. 성찰적 예배가 간격을 두고 있으며, 하나님과 개인적 시간을 홀로 갖으며, 적절하다면 지도자와 개인 시간을 가질 수 있다. 이와 같은 리트리트는 완전히 침묵으로 행해질 수 있거나 더 일반적으로 지정된 기간 동안 침묵을 사용할 수 있다. 그룹의

---

54 Northumbria Community, Cloisters, Hetton Hall, Chatton, Northumberland, NE66 5SD (www.northumbriacommunity.org)에서 사용 가능.

크기는 몇 명에서 많게는 30명까지 다양할 수 있다. 분명한 것은 그룹이 클 수록 친밀감이 적어진다.

나는 때로 시편 23편을 중심으로 리트리트를 이끈다.[55] 이것은 강의뿐만 아니라 영적 지도를 위해서도 사용하기 매우 훌륭한 본문이다. 이것은 하나님과의 아주 개인적인 관계 형성(주는 나의 목자)으로 시작하여 결과적으로 자신감을 가지게 한다. 하나님과의 개인적 관계에 대한 서술을 반추하기 때문에 그분에 대한 우리의 이해는 항상 리트리트와 같은 시간에 시작하기에 좋은 본문이다.

시편기자는 거기에서 시작하여 우리를 제자도의 가장 공통된 세 가지 모습으로 데리고 간다. 즉 쉼을 배우기(2-3절), 신뢰를 배우기(3-4절) 그리고 신적 자원으로 사는 것을 배우기(5-6) 등이다. 이 주제들 각각은 개인적 영적 성장에 충분히 적합하고 하루에 한 주제씩 취할 수도 있다.

강연 자체는 리트리트 참여자들에게 영적 지도를 가져다 줄 수 있으며 뿐만 아니라 질문을 제기하는 촉매제가 될 수 있으며 그들이 멘토와 그들 자신의 여정에 대하여 진정으로 나눌 수 있는 환경을 제동할 수 있다.

리트리트에서 사용하는 내가 좋아하는 또 다른 본문은 요한복음 15:1-17에 나오는 포도나무와 그 가지의 비유이다.[56] 그것도 충분히 적합한 주제이다. 예수님은 참 포도나무, 믿는 자의 그와의 연합, 정화와 가지치기를 통해 우리 삶에서 하나님께서 일하시는 방법, 그리스도 안에 거한다는 의미, "나를 떠나서는 너희가 아

---

55 Tony Horsfall, *Song of the Shepherd*, BRF, 2002를 보라.
56 Tony Horsfall, *A Fruitful Life*, BRF, 2004를 보라.

13장 쉴 만한 곳: 리트리트와 조용한 시간을 통한 영적 멘토링

무 것도 할 수 없음이라"(5절)는 핵심 교훈을 배우는 방법, 그리스도 안에 거하는 결과 등 많은 주제를 다룰 수 있다. 그러한 본문은 우리의 신앙 여정과 우리 삶에서 하나님께서 현재 행하고 계시는 것에 대하여 많은 개인적인 대화의 기초가 될 수 있다.

나는 성찰적 예배가 리트리트 환경에서 핵심 요소라고 본다. 그것은 예배에서 사용된 말씀을 우리로 하여금 성찰하게 하여 하나님께 우리를 더 가까워지게 한다. 활기 넘치는 찬양 예배 시간이 있지만 리트리트 상황에서는 예수님을 향한 조용한 곡이 더 잘 어울린다. 나는 종종 CD 재생장치를 이용하여 사람들에게 찬송을 들려주거나 원하면 따라서 부르게 한다. 악기 연주곡도 고요함과 하나님의 임재를 가져오도록 성령에 의해 강력하게 사용될 수 있다고 본다.

예배를 위한 훌륭한 자료들이 점점 증가하는 것처럼 보이는 것은 아마도 성령이 요즈음에 하시는 일의 또 다른 표시일 것이다. 리트리트를 인도하는 멘토로서 당신은 사람들의 마음에 감동을 주며 하나님께 나아오도록 도울 수 있는 곡들을 스스로 선택하기를 원할 것이다.

나는 사람들에게 리트리트 기간 동안 기록하는 시간을 가지도록 격려한다. 이 간단한 영적 훈련은 하나님과의 관계와 우리가 가고 있는 여정에 대한 우리의 가장 깊은 생각과 감정을 적어 내려가는 것이다. 영성 일기를 쓰는 것은 우리가 매우 솔직해지게 하며 그 자체로 정화시키는 훌륭한 방법이다. 그것은 객관적인 감각과 우리 생각에 명확성을 가져오며 참과 거짓을 구분하는 방법이며 그래서 우리를 위한 하나님의 뜻을 분별하게 한다. 그것은 또한 하나님께서 우리에게 하신 중요한 것들과 기도에 대한 응답과 우리 삶에서 하나님께서 사역하시는 방식들을 상기시킨다. 사람들은 종종 개인적 멘토링 시간에 그들의 영성 일기를 나눌 수 있다. 어떤 방식으로든 그것은 그들의 마음을 준비시키고 성령이 더 깊은 조명을 하는 방식에 마음을 열게 한다.

여러 해 전에 한 친구는 내게 "하나님과의 시간은 항상 잘 보낸 시간이다"라고 말했다. 나는 특히 리트리트 할 때 이것을 확실히 경험했다. 우리는 모두 우리의 여정에서 쉴 장소와 바쁜 일정에서 하나님과 함께할 시간을 낼 필요가 있다. 멘토들과 멘토리들은 모두 "영혼의 장소"에서 혜택을 얻을 것이다.

제 14 장
목적지: 영적 멘토링의 목표

자녀들과 여행해 본 사람들은 "이제 거의 다 왔어요?"라는 질문을 받아보았을 것이며 여행 내내 계속해서 그 질문을 받았을 것이다. 이 질문은 어떤 여행에서이든지 아이들이 20분 간격으로 일반적으로 외치는 것인 듯하다. 목적지에 항상 가능한 빨리 도달하고 싶어 하는 어린 아이들에게 긴 여행은 피곤하고 지루한 것이다.

영적 삶에서 그 여정은 목적지만큼이나 중요하다. 가는 길 동안 무슨 일이 일어났는지가 정말로 중요하며 우리의 여정을 즐기는 것이 하나님의 의도이다. 영적 성장은 과정의 문제이며 서두를 수 없다. 우리는 하나님께서 하시는 것에 활기를 가지고 기민해지며, 예수님과 더 깊은 교제로 우리를 초대할 때 성령이 우리 마음을 움직이시는 것에 응답하며 매 순간을 음미해야 한다.

우리가 그의 임재를 더 인식하게 되고 그의 음성에 더욱 귀 기울이게 되면 매일이 모험으로 가득해지기 때문에 여행할 때 우리가 지루해질 이유가 없다. 동시에 그 여정은 우리를 어디로 데리고 갈 것이며 우리는 목적지를 잊지 말아야 한다. 그렇지 않으면 우리는 결국 위기를 맞이하게 될 수 있다.

영적 멘토링의 주요한 목표를 2장에서 이미 언급했다. 사람들이 하나님과 자라가는 친밀감을 발전시키도록 돕기, 하나님의 사랑하는 자녀로서의 정체감을 발견하기, 하나님의 나라에서 그들 고유의 역할로 섬기기 등이다.

영성 형성으로 표현하면 우리의 목표는 그리스도처럼 되는 것이다. 우리는 그의 삶이 우리 안에서 형성되기를 원한다. 이러한 것들은 중요한 목적이다. 우리는 멘토링 관계를 유지하는 내내 그것을 염두에 두어야 한다. 이것이 실제로 어떻게 작용하는지를 좀 더 자세히 살펴보고 영적 여정에서 자연스럽게 나타나는 성장과 발달을 짚어보려 한다.

나 스스로 그리스도인의 삶을 살아보려 했고 같은 여정에 있는 다른 사람들의 삶을 보아왔기에 이 여정에서 영적 성숙에 이르기 위해 네 가지 중요한 양상이 있다는 결론에 이르렀다. 시작 지점은 진정한 은혜의 경험이며, 이것은 그 다음 하나님과의 친밀함의 장소로 인도한다. 그것이 하나님과 가까워지는 것임을 알게 되면 우리는 거기에 머물기 원하며 그래서 그리스도 안에 거하는 것을 배우게 된다. 그리스도 안에 거하는 것은 필연적으로 영적 성숙의 진정한 표시인 삶의 결실로 이어진다.

1. 은혜

최근에 은혜에 대하여 아주 많이 책에 기록되고 찬양 부르며 말하고 있지만 우리는 그 단어를 지나치게 많이 사용함으로써 의미 없게 하거나 진부하게 만드는 위험에 처해 있다. 그러나 삶에서 은혜를 경험한 사람들에게 그것은 "대단한," "놀라운," 심지어 "멋진" 것으로 남아 있으며, 우리 삶에 가져온 효과는 결코 말로 적절하게 묘사할 수 없을 것이다.

은혜는 종종 단순히 "분에 넘치게 얻은 하나님의 호의"로 정의된다. 그러나 한 문장의 정의로 가장 아름다운 이 단어가 담고 있는 의미와 우리 삶에 제공한 것을 모두 제대로 결코 전달할 수 없다.

성경은 "은혜"라는 용어를 빈궁한 세계를 향한 사랑의 하나님의 활동으로 묘사하기 위해 사용한다. 빛나는 다이아몬드처럼 빛에 따라 그리고 그것을 어떻게 보느냐에 따라 그것은 많은 측면을 가지고 있다. 은혜와 자비는 함께 맞물려 있다. 은혜가 하나님의 활동으로 묘사되는 반면 자비는 어떤 면에서 먼저 나오는 그의 태도로 묘사되기 때문이다. 하나님께서 자비하심(우리가 마땅히 받을 심판을 주시지 않음으로)으로 은혜로울 수 있다(우리가 마땅히 받을 수 없는 것을 주심으로)는 말이다.

내가 은혜를 처음으로 의식적으로 경험한 것은 하나님께서 정말로 나를 무조건적으로 사랑하신다는 것을 깨달았을 때였다. 이 발견은 내게 영적으로 획기적인 발전으로 기록되었다. 왜냐하면 이때까지 나는 많은 사람들이 하듯이 내가 수행하는 것을 통하여 하나님의 인정을 얻어야 한다는 생각으로 살아왔기 때문이다. 나는 나 자신에 대해서 그다지 좋지 않게 평가하고 있었기에 거룩한 하나님께서는 어쩔 수 없이 내게 화를 낸다는 생각이 들어 힘들었다. 하나님께서는 사랑하는 것이 본성이어서 우리를 사랑하며 그분이 나를 사랑하는 것이 나의 흠없는 행위 때문이 아니라 그분의 변함없는 성품 때문이라는 것을 깨달았을 때, 나는 그분이 나를 수용하심에 긴장을 풀고 쉼을 얻기 시작했다.

요한일서 4:19의 "우리가 사랑함은 그가 먼저 우리를 사랑하셨음이라"는 진실이 예수님을 따르는 모든 사람들의 마음에 형성되는 것이 중요하다. 우리의 사랑은 기껏해야 하나님의 우선적인 사랑에 대한 응답이다. 중요한 것은 우리가 하나님을 붙잡고 있는 것이 아니라 하나님께서 우리를 붙잡고 계신 것이다.

은혜는 주도권이 항상 하나님께 있다는 것을 우리에게 상기시킨다. 그리고 이것은 우리 구원의 핵심이다. 우리는 죄로 인해 죽었고 스스로를 구원할 수 없다. 우리를 향한 자비와 충만한 은혜가 많으신 하나님께서 우리를 구원하시기로 하셨기 때문에 우리는 이제 용서와 영원한 생명을 알 수 있게 되었다. 우리는 이것을 결코 얻을 수 있거나 자격이 있는 것이 아니다. 그것은 순전히 선물로 왔고 하나님의 주도로 왔다.

> 너희는 그 은혜에 의하여 믿음으로 말미암아 구원을 받았으니 이것은 너희에게서 난 것이 아니요 하나님의 선물이라 행위에서 난 것이 아니니 이는 누구든지 자랑하지 못하게 함이라(엡 2:8-9).

여기에 모든 그리스도인의 삶에 유효한 패턴이 있다. 하나님께서 항상 먼저 움직이시며 우리는 그가 이미 시작한 것에 대해 응답한다. 은혜(하나님의 주도)가 있고 신앙(감사하는 우리의 응답)이 뒤따른다. 우리 마음에 이 원리가 형성되면 그것은 우리가 우리 힘으로 하나님의 뜻을 행하려고 애쓰는 것에서 그리고 모든 것이 우리에게 달려 있다는 생각에서 자유롭게 한다.

이러한 의미로 은혜는 율법의 반대이다. 율법을 지키는 것이 아니라 하나님의 은혜로 자유롭게 의롭다함을 받는다(롬 3:22-24)는 것을 우리가 깨달으면, 율법주의의 저주로부터 놓임을 받을 수 있다. "율법주의"라는 말은 우리 스스로든지 혹은 다른 사람에 의한 강요에 의해서든지 항상 종교적 규칙을 지킴으로 하나님의 총애를 얻으려고 시도한다는 의미이다. 이것은 대부분의 교회에서 풍토병처럼 퍼져 있으며 영적 성장과 생명력을 마비시킨다.

여러 해 동안 그러한 율법적인 구조의 일부였기 때문에 어떤 면에서 나는 은혜 "속에 빠졌다." 오직 종교적 요구들이 은혜의 복음에 얼마나 많이 추가되었는지를 알게 되었을 때에만 나는 그리스도 안에서 진정한 자유를 발견할 수 있었다(갈 5:1).

우리가 멘토하는 여러 사람들은 그들이 자신에게 규칙을 강요하거나 그들이 율법주의적 구조의 일부이기 때문에 율법주의에 마비될 것이다. 이것은 "자기 의"(우리는 규칙을 지키므로 다른 사람들보다 낫다) 혹은 "자기 비난"(우리는 규칙을 지키지 않으므로 다른 사람들보다 나쁘다)에 빠지게 한다. 이것들은 그리스도인의 삶의 "전염성 강한 질병"이며, 오직 은혜를 진정으로 이해할 때만 "자기 의"나

"자기 비난"으로 인한 손상과 한계의 결과로부터 우리를 자유롭게 할 수 있다.

은혜는 그리스도인으로서의 삶을 살게 할 뿐만 아니라 그 여정 중에도 우리를 지탱해 준다. 바울 사도는 "너희가 그리스도 예수를 주로 받았으니 그 안에서 행하되"(골 2:6)라고 말한다. 은혜는 선교와 사역의 과제를 수행하도록 우리를 준비시킨다. 하나님께서는 우리에게 그를 효과적으로 섬길 수 있도록 (일반적이고 영적인) 은사를 주신다. 우리가 이 은사들을 알아차리고 사용하면 하나님께 쓰임을 받기 시작한다. 바울은 "우리에게 주신 은혜대로 받은 은사가 각각 다르니"(롬 12:6)라고 말한다.

영적 멘토링은 다른 사람이 그들의 은사를 발견하는 것뿐만 아니라 그것을 사용하는데 자신감을 가지도록 돕는 일이다. 우리의 은사가 하나님께서 주신 것임을 인식하는 것은 우리로 하여금 끝까지 겸손하게 한다.

하나님의 은혜는 순종해야 할 모든 새 소명과 제자의 길을 가는 모든 새 걸음마다 우리를 향해 계속 흐른다. 왜냐하면 하나님께서 우리에게 행하라고 요청하시는 것마다 하나님께서 우리로 하여금 할 수 있게 하시기 때문이다. 이러한 의미에서 하나님의 명령은 항상 그의 약속이며, 우리에게 있는 도전이 무엇이든지 그것은 하나님의 가능하게 하심이 함께 오기 때문이다. 바울의 사도적 사역은 이러한 경험을 중심으로 세워졌다.

> 그러나 내가 나 된 것은 하나님의 은혜로 된 것이니 내게 주신 그의 은혜가 헛되지 아니하여 내가 모든 사도보다 더

> 많이 수고하였으나 내가 한 것이 아니요 오직 나와 함께 하신 하나님의 은혜로라(고전 15:10).

하나님의 은혜에 대한 인식으로, 삶이 필연적으로 가져다주는 시험과 고난 중에 있는 사람들과 함께 하는 것은 우리의 기쁨이 될 것이다. 왜냐하면 은혜는 바로 우리의 연약함 위에 나타나는 하나님의 강함이기 때문이다. 이겨낼 수 없는 어려움과 사면초가의 상황에 직면하더라도 그 때가 "내 은혜가 네게 족하도다"라고 속삭이는 하나님의 음성을 들을 수 있는 때이기 때문에 우리는 더 깊은 은혜를 받을 수 있다(고후 12:9-10).

연약할 때 우리는 그리스도인의 삶에 나타나는 파라독스의 하나를 경험할 수 있다. 그리고 우리의 연약함에 그리스도의 힘이 함께 하시기 때문에 우리는 강해질 수 있다.

2. 친밀감

하나님이 은혜의 하나님임을 우리가 발견하고 나면 우리는 자신감을 가지고 자유롭게 그에게 다가갈 수 있을 것이며 그와 함께 친밀감과 교제의 삶을 살 수 있을 것이다. 하나님을 가혹하고 비판적이며 까다로운 분이라고 생각하는 한 그에게 가까이 다가가기를 원치 않을 것이다. 정말로 우리는 그를 실망시키거나 공격하는 두려움에서 멀리 떠나 숨기를 원할 것이다. 잘해봐야 흉하지 않는 측면만을 보이려고 하고 겉모습만 번들거리게 하여 "가장 좋은 옷"으로 하나님께 접근할 것이다.

하나님께서 우리를 무조건적으로 사랑하신다는 것을 깨달으면 진정한 사랑을 받는다는 것을 아는 사람들의 완전한 포기와 어린아이 같은 기쁨으로 우리는 우리 모습 그대로 그분께 나아갈 수 있도록 해방될 것이다. 오직 그럴 때만 우리는 자연스럽고 진정한 방식으로 하나님 앞에서 살아갈 수 있다.

하나님과의 친밀감으로의 초대는 굉장한 것처럼 보이지만 그것은 예수님이 하나님께 우리를 중재하여 그분과 개인적 관계를 다시 맺게 하기 위하여 십자가에 달려 돌아가신 이유들 중의 하나이다. 멀리 떠났던 사람들이 이제 가까워졌다(엡 2:13). 하나님의 존재로부터 금지당한 우리가 이제 접근할 수 있게 되었다(롬 5:1-2). 우리는 다시 한 번 아담과 하와가 에덴동산에서 하나님과 걸으며 이야기를 나누었던 것과 같은 교제를 즐길 수 있다. 이것은 모든 속죄받은 하나님의 자녀가 누리는 특권이다.

"친밀감"이라는 말은 가까움, 하나 됨 그리고 함께 함을 의미한다. 이것은 모두 신앙적 삶의 의미를 묘사하는 좋은 말들이다. 기도와 예배는 하나님과의 친밀감의 주요한 표현이다. 기도는 근본적으로 하나님과의 영적 교감이며, 이미 살펴본 바와 같이 멘토에게 도전이 되는 것들 중의 하나는 다른 사람을 더 깊고 더 풍성하며 더 의미 있는 기도의 삶으로 들어가도록 돕는 것이다.

대부분의 그리스도인들은 기도를 어려워하며 아마도 그들이 더 나은 기도 생활을 하기 원할 것이다. 기도는 고백, 감사, 찬양,

기원, 중재 등 여러 단어로 표현된다. 그러나 하나님과의 친밀감이라는 표현이 관상적 기도의 상황 안에서 가장 발전된 것이다.

기도가 항상 말하는 것이나 제기할 안건이 있어야 하는 것을 넘어서게 되면 우리는 단순히 하나님과 함께하고 하나님께서 우리에게 말하시는 것을 듣는 기쁨을 발견할 만큼 자유로워진다. 이러한 상황에서 함께 연합하는(com-munion) 친밀감, 즉 말이 필요 없고 침묵이 사랑하는 자들에게 만족이 되는 친밀감이 이루어질 수 있다.

"예배"에 해당하는 헬라어 중의 하나는 프로스쿠네오(*proskuneo*)인데, 그것은 문자적으로 "키스를 보내다"라는 의미이다. 예배는 다른 사람들과 드리든지 아니면 홀로 드리든지 하나님과의 친밀함을 나타내는 또 하나의 환경이며, 특히 우리 스스로의 사랑을 발견하기 위함이다.

여기서 우리는 하나님에 대한 우리의 사랑을 표현할 뿐만 아니라 성령의 사역을 통해서 우리를 향한 하나님의 사랑을 나타내게 하는 것일 수도 있다(롬 5:5). 우리가 하나님의 사랑받는 자녀로서 정체감을 찾는 것은 건강한 영적 삶을 세우기 위하여 중요하다.

내가 가장 좋아하는 내적 삶에 관한 저자들 중의 한 명인 브레넌 매닝(Brennan Manning)은 이 진리를 매우 잘 기록하고 있다. 그는 이렇게 말한다.

> 당신 자신을 하나님께 사랑받는 사람으로 본질적으로 정의하라. 이것이 진정한 자기이다. 모든 다른 정체성은 환상이다.[57]

여러 면에서 그리스도인의 삶의 여정은 하나님의 사랑 속으로의 여정이며 이 단순한 진리가 문제의 핵심이라는 인식으로의 여정이다.

세계 도처에 있는 그리스도인들은 하나님과의 친밀감에로 신선한 부름을 듣고 있으며 더 깊게 살고 싶은 갈망을 느끼고 있다. 아가서에 나오는 "나의 사랑하는 자가 내게 말하여 이르기를 나의 사랑, 내 어여쁜 자야 일어나서 함께 가자"(아 2:10)처럼 신적 연인이 교회에 보내는 초대장으로 가장 잘 요약될 수 있다.

친밀감은 어느 수준에 있든지 질적 시간을 함께 보낼 때만 발전될 수 있다. 이것이 영적 차원에서 명백하게 사실인 반면 실천하기 가장 어려워하는 것들 중의 하나이다. 친밀감에 방해가 되는 가장 큰 요인은 우리의 바쁜 일상과 내적으로 고요해질 수 있는 능력의 부재이다. 이것이 고전적 영성 훈련인 고요함, 침묵, 고독을 다시 발견하고 새로운 세대에게 가르쳐야할 필요가 있는 이유이다.

최근에 리트리트와 조용한 시간과 영성 수련의 사용에 관심이 새로워진 것은 고무적인 발전이다. 멘토들은 이것을 붙잡고 하나

---

57 Brennan Manning, *Abba's Child*, NavPress, 1994, p. 59.

님과의 관계를 발전시키고자 시간을 내는 것에 도움을 구하는 사람들을 격려할 수 있다.

3. 거하기

사람들이 하나님과의 친밀감으로 인한 기쁨과 그의 현존의 즐거움을 발견하면 그들은 거기 머물기를 원한다. 다음의 도전은 그리스도 안에 거하는 방법을 배우고 그분이 우리의 거할 곳이 되게 하며 우리 삶의 원천이 되게 하는 것이다.

하나님의 존전에 들락날락하지 않고 거기에서 계속 살기 원한다. 물론 이것은 특히 빠르게 진행되며 빠듯한 생활양식으로는 쉽지 않다. 그러나 그것은 가능하며 이것이 정확히 요한복음 15장에서 예수님이 말한 것이다. 포도나무와 가지의 비유를 사용하여 예수님은 그와 연합하여 사는 것이 어떻게 가능한 지를 보여준다.

> 나는 포도나무요 너희는 가지라 그가 내 안에 내가 그 안에 거하면 사람이 열매를 많이 맺나니 나를 떠나서는 너희가 아무 것도 할 수 없음이라(요 15:5).

여기서 우리는 두 가지 중요한 진리를 알 수 있다. 그것은 우리는 그리스도 안에 그리스도는 우리 안에 있다는 것이다. 이것이 그 경우라는 것을 더욱 깨달을수록 우리는 부활하신 주님을 더욱 나누고 그분이 우리 안에 그리고 우리를 통하여 더욱 살게 하기 시작할 것이다. 그리스도인의 삶은 외적으로 예수님을 모방하는 문제가 아니라 그의 삶에 참여하는 것이며 그 삶이 우리를 통해 표현되도록 하는 것이다.

예수님이 여기에서 말씀하시는 것에서 하나의 아픈 교훈은 그를 떠나서는 우리가 아무것도 할 수 없다는 것이다. 우리 대부분은 하나님 없이 뭔가를 해보려고 많은 시간을 보낸다. 그리고 우리 스스로 이겨내고 강해지고 복원하며 자족하는 방식과 수단을 개발해 왔다. 하나님께서 원래 우리를 위해 의도하신 대로 우리가 그에게 의지하는 곳으로 다시 나아올 때까지 하나님께서는 사랑과 지혜로 부드럽게 이러한 독립된 패턴의 삶을 허무신다.

현명한 멘토는 누군가의 삶에서 이러한 "분해"가 일어날 때 하나님께서 행하시는 것을 그들이 이해하도록 도울 것이다. 그것은 여전히 고통스러운 시간이지만 그것이 좋은 목적이 있음을 아는 것은 우리를 견딜 수 있게 하며 하나님의 뜻에 우리를 더 양보할 수 있도록 용기를 준다.

나뭇가지가 포도나무에서 생명을 얻듯이 우리도 영적 힘과 양분을 예수님으로부터 얻어야 한다. 연약함, 실패 그리고 깨짐의 경험들은 이것을 위해 우리를 준비시킨다. 영적 지도 실천은 하나님의 은혜에 접근하도록 돕는 "거룩한 습관들"을 행할 수 있게 한다. 이미 고요함, 침묵, 고독을 언급했다. 기도, 교제, 가르침과 떡을 떼는 것(행 2:42)뿐만 아니라 금식, 참회, 예배와 구제와 섬김도 그것들에 포함된다. 이 목록에 반추와 성찰 그리고 성경 공부와 묵상, 우리 주변 세계에 계신 하나님에 대한 의식, 그리고 성령에 조율하는 훈련들을 첨가할 수 있다. 이것은 사람들을 지치게 하는 목록이 아니며 율법주의로 돌아가게 밀어 넣으려는 것도 아니다. 우리는 그러한 훈련들이 영적 여정에 도움이 되는 적절한 범위에 한하여 사용한다. 그리고 오직 그것들을 통해서 우리가 부활하신 그리스도를 만나고 우리를 새롭게 하도록 그의 생명을 받는 수단으로만 사용한다.

4. 결실

예수님 안에 거하는 것은 우리가 하나님 중심이 되게 하며 우리 안에 있는 그리스도의 생명에 의지하게 한다. 우리가 이것을 하면 뭔가 놀라운 것이 일어난다. 자연스럽게 그리고 우리가 힘든 노력을 하지 않아도 일어난다.

우리는 열매를 맺기 시작한다. 그러면 우리의 삶은 다른 사람의 삶에 선한 영향을 미치기 시작한다. 나무가 열매를 맺기 시작하면 성숙했다고 말할 수 있다. 사람의 삶이 영적 열매를 맺기 시작하면 그리스도 안에서 성숙으로 나아가고 있다는 표시이다.

열매는 무엇을 의미할까?

그 안에 있는 하나님의 생명이 밖으로 나타난 것이다. 다른 말로 하면 내 안에 그리스도의 생명이 있으면 그것은 필연적으로 나의 생각과 말과 행동에 표현될 것이며 갈라디아서 5:22절에 나온 목록과 같은 성령의 열매를 드러낼 것이다. 그것은 하나님께 진정 어린 예배로 혹은 복음을 들어본 적이 없는 사람들에게 복음을 믿감하게 나누는 것으로 나타날 수도 있다. 말을 조심하거나 통합적으로 결정을 내리게 될 것이다.

우리 각각이 열매 있는 삶을 살아야 하는 것은 하나님의 뜻이다. 이것이 예수님이 "너희가 나를 택한 것이 아니요 내가 너희를 택하여 세웠나니 이는 너희로 가서 열매를 맺게 하고 또 너희 열매가 항상 있게 하여"라고 하셨을 때 바로 이것을 의미한 것이다.

하나님께서는 우리 각각을 위해 계획과 목적을 가지고 계신다. 그리고 멘토링은 개인이 그 계획을 발견하도록 돕는 것이다. 그것은 그들이 자기 고유의 소명과 은사를 알아차리도록 도와서 그들이 하나님 안에서 사는 방법을 배우도록 돕는 것과 관련 있다. 그래서 그들이 그 소명을 수행하면 열매를 맺게 된다.

내가 보기에 영적 성장의 양상들은 네 가지가 있으며 이것들은 나의 영적 멘토링 사역을 위한 틀을 형성하고 있다. 나는 이 관점에서 내 자신의 삶을 계속 바라보고 있으며 다른 사람을 도우려고 할 때 다음과 같은 질문을 하면서 그것을 참고로 사용한다.

이 사람은 어느 정도로 은혜의 경험을 하고 있는가?
그들이 "사랑받는 자녀"임을 발견 할 수 있도록 어떻게 도울 수 있을까?
"그리스도 안에서" 정체감을 발견하고 그들 안에 있는 그리스도를 더 인식하게 되도록 어떻게 도울 수 있을까?
그들의 삶이 성령의 열매를 맺고 삶과 섬김을 통해 그에게 영광을 돌리는데 있어서 하나님께서 어떻게 사역하고 계신가?
"깨짐"은 문제인가?
하나님께서 그 사람의 연약함을 어떻게 드러내시며 그래서 그것을 통해서 그가 어떻게 하나님께 의존하게 하시는가?

이것을 수행하면서 나는 사람들을 내 틀 안에 집어넣으려고 하거나 복제품을 만들려고 하지 않는다. 나는 단순히 내가 보아온 대로 기독교 방식에 대한 내 이해를 따르려 하고 있다. 우리는 오직 우리가 경험한 곳으로만 다른 사람을 이끌 수 있다. 우리가 같은 방향으로 가고 있을 때만 여정을 함께 할 수 있다.

*부록

A 영성 수련의 모범

B 관상적 성경 읽기: 렉시오 디비나

C 영적 멘토링을 위한 윤리적 지침

부록 A | 영성 수련의 모범

영적 멘토링의 상황에서 사용될 수 있는 영성 수련의 몇 가지 예들이다. 영성 수련의 모범은 사람들이 하나님과의 관계를 반추해보기 위한 실천적 방법을 제공하는 데 그 목적이 있다.

수련 1: 하나님과의 관계

가능한 정직하게 현재의 하나님과의 관계를 묘사할 수 있는 그림이나 도표를 그리라. 훌륭한 미술품이 아니라 마음속에 있는 것을 표현할 수 있게 하는 것을 그려보라.

이제 소망하는 하나님과의 관계를 보여 줄 수 있는 두 번째 그림이나 도표를 그리라.

두 개의 그림간의 차이점을 주목해보라.

현실과 기대치 간의 간극에 대해 어떻게 말하겠는가?

이것에 관하여 잠시 생각해보라.

하나님과의 밀접한 관계를 방해하는 요소들은 무엇인가?

첫 번째 그림에서 두 번째 그림으로 이동하기를 원하는 마음을 표현하는 간단한 기도를 작성하라.

하나님과 더 밀접한 관계를 향해 나아가기 위하여 할 수 있는 것들은 무엇인가?

수련 2: 의식하며 걷기

야외에서 아주 가벼운 산책을 해보거나 편하게 앉을 만한 곳을 찾아보라. 오감을 모두 이용하여 창조주 하나님께서 만드신 세계를 음미해보라. 시편과 예수님의 말씀을 상기시켜보라.

> 주의 손가락으로 만드신 주의 하늘과 주께서 베풀어 두신 달과 별들을 내가 보오니 사람이 무엇이기에(시 8:3-4).

> 공중의 새를 보라…들의 백합화가 어떻게 자라는가 생각하여 보라(마 6:26, 28).

주변 세계에서 하나님을 의식하도록 해보라.

이제 바라보라… 무엇을 볼 수 있는가?

새, 딱정벌레, 지렁이, 거미줄?

잔디를 보라—여러 다른 종류의 잔디를…만져보라…주의 깊게 살펴보라…또한 잎사귀와 가지와 나무껍질…

꽃을 보라…손상을 주지 않도록 부드럽게 만져보라…잎사귀와 꽃을 보라…꽃향기를 맡아보라.

이제 소리를 들어 보라…

차 소리를 들을 수 있지만 그 밖에 무슨 소리를 들을 수 있는가?

새소리?

바스락 거리는 나뭇잎 소리?

벌레의 울음소리?

아마도 맛을 볼 수 있는 것도 있는가?

이제 더 큰 광경을 보라. 큰 나무들…구름의 모양…하늘의 색깔…그 모든 것의 의미를 생각해 보기 위해 직관을 사용하라. 주변 자연 세계에 현존하시는 하나님을 경청해보라.

무엇이든지 행로에서 "우연히" 만나게 되어 주의를 끄는 것을 알아보라. 그러한 일이 일어나게 하는데 현존하시는 하나님을 인식하라. 그것들이 어떤 말을 할까?

그리고 하나님께서 만드신 이러한 모든 것들… 이 모든 것들을 만드신 분께 경배하라.

"사람이 누구인가?"

"나는 누구인가?"

나는 그분에게 사랑받으며 "[나의] 머리털 까지도 다 세신 바 되었다"(마 10:30).

경배와 찬양으로 하나님께 마음을 올려드리라.

정원이나 자연 경관을 망가뜨리지 않을 만큼 몇 가지만 모아 가져와서 작은 전시품을 만들어보라.

수련 3: 생애 타임라인 개발

종이 한 장 위에 위에서부터 밑으로 선을 그리라. 이 선은 당신의 출생에서 현재 그리고 미래에 걸친 생애를 표현한다.

1) 5-10년 단위로 선을 구분하라. 구분된 단위마다 년도를 적어 넣을 수 있다.

2) 이제 그 선의 왼쪽에서부터 당신의 생애에서 중요했던 순간들을 표시해 보라. 예를 들면 초등학교 입학, 대학 입학, 취직, 결혼 등.

3) 오른 쪽에는 당신의 핵심적인 영적 경험의 순간들을 표시해 보라.

4) 선의 어느 한 쪽에 당신에게 특별히 도전이 된 시기들을 표시해 보라. 가능하면 그 시기에 느낀 감정들을 표시해 보라.

5) 표 전체를 반추해 보라. 관련된 것이 마음에 떠오르면 추가해 보라.

삶의 경험을 통해 당신의 모습을 만들어 가신 하나님의 방식이 무엇인가?

당신의 삶을 통해 얻은 중요한 교훈은 무엇인가?

6) 현재의 위치에서 앞을 내다보라. 당신의 과거가 미래에 어떻게 사용될 수 있을까?

당신에게 일어난 일이 당신의 미래 사역에 어떻게 통합될 수 있는가?

수련 4: 규명하는 기도

지난 24시간을 생각해 보거나 혹은 가능하면 지난 2-3일을 되돌아보라. 비디오 녹화물을 재생하듯이 마음속에서 그 사건들을 재생해보라. 이것을 연대기 순으로 시도해 보라. 이것을 몇 차례 반복해 보고 일어난 모든 것들을 간단히 기록해 보라.

이 기간 동안 당신의 삶에서 하나님의 활동이라고 분별할 수 있는 곳은 어디인가?
하나님에 의해 인도된 순간들이 있었는가?
성령의 촉구를 들었을 때는 언제인가?
하나님의 현존을 의식했을 때 혹은 경배로 마음이 움직인 때가 언제인가?
하나님의 공급하심의 증거를 볼 수 있는가?
그의 보호의 증거를 볼 수 있는가?
그의 선하심을 볼 수 있는가?
당신 안에서 사역하시는 그분께 감사하라.

하나님께서 당신을 통해 사역하고 계셨을 때를 알아낼 수 있는가?
언제 성령의 열매를 맺었는가? 사랑, 희락, 평강, 인내…
신앙의 표현인 것들을 언제 표현해보았는가?
언제 기도하고 싶은 마음이 들었는가?
유혹을 느꼈지만 하나님의 은혜로 저항한 적이 언제였는가?
당신 안에서 사역하시는 그분께 감사하라.

실수를 하거나 죄를 지은 순간들을 의식하고 있는가?
후회하는 것이 있는가?
신앙을 삶으로 살아내기 위한 기회를 놓쳤는가?
불안하거나 걱정하거나 두려웠던 때가 있었는가?
어떤 어려움을 맞이했는가?
무슨 문제들이 나타났는가?

하나님께서 그를 신뢰하도록 부르신 때는 언제인가?

당신 안에서 사역하시는 그분께, 그의 용서하심에 그리고 어려운 시기에 가까이 계심에 감사하라.

당신의 삶을 되돌아본 결과 내일(혹은 가까운 미래에) 하고 싶은 것이 있는가?

그것을 하나님 앞에 가져와서 당신의 갈망을 행동으로 바꿀 수 있는 은혜를 구하라.

수련 5: 에너지 검토

현재 당신의 에너지 수준을 어떻게 평가할 수 있는가?

당신이 가지고 있는 에너지의 양과 영적인 삶 간에는 중요한 연결고리가 있다. 물론 하나님께서는 우리가 "연약할"(육체적으로 지쳐있을) 때 우리를 사용하실 수 있고 하신다. 그러나 피로하고 탈진했을 때 거의 하나님의 현존을 알아차리기 더 어렵고 기도와 성경 공부에 집중하기가 더 어려우며 경배와 섬김에 우리를 내어 주기 위해 더 많이 노력해야한다.

에너지 면에서 현재 어떻게 느끼는지 묘사할 단어가 있는가?

에너지가 점점 고갈되어 가는가?

당신이 가지고 있다고 느끼는 에너지양을 차의 탱크 안에 들어 있는 연료의 양과 비교해보는 것은 도움이 될 수 있다.

계측기에는 에너지가 얼마나 있다고 표시하고 있는가?

고갈 됨	차를 갓길에 세워놓고 더 이상 갈 수 없음
위험 수준	겨우 갈 수 있지만 그리 오래 갈 수 없음
사분의 일 수준	에너지가 조금 있지만 표준 이하처럼 느낌
절반 있는 수준	괜찮지만 너무 많이 내어 주고 있음을 인식함
사분의 삼 수준	정상으로 기능하고 있음
가득 참	생명력과 활력으로 계속해서 나아가고 싶은 마음이 넘침

우리의 에너지 수준이 고갈되는 것을 인식할 때는 멈추고 재충전할 때이다. 우리 자신을 받아들이기 위해 멈추지 않고는 더 이상 갈 수 없고 더 이상 내어줄 수 없다. 예수님도 "힘"이 빠져나가는 것을 의식하셨다(막 5:30).

무엇이 당신의 에너지를 "빼앗아"가는가?

무엇이 당신에게 에너지를 주는가?

당신 자신을 어떻게 재충전할 수 있는가?

● **하나님의 약속**

주님은 영원한 하나님이시며 세상 끝까지 창조주이시다. 그분은 피곤하거나 연약해지지 않을 것이며, 아무도 그분의 이해의 깊이를 잴 수 없을 것이다. 그분은 피곤한 자들에게 힘을 주시고 약한 자들에게 힘을 증가시킨다.

젊은이들도 피곤하고 약해지며 그들도 넘어지고 타락할 수 있다. 그러나 주님 안에 희망을 둔 사람들은 그들의 힘을 새롭게 할 것이다. 그들은 독수리처럼 날개 치며 올라갈 것이며 달려가도 피곤치 않고 걸어가도 넘어지지 않을 것이다.

너는 알지 못하였느냐 듣지 못하였느냐 영원하신 하나님 여호와, 땅 끝까지 창조하신 이는 피곤하지 않으시며 곤비하지 않으시며 명철이 한이 없으시며 피곤한 자에게는 능력을 주시며 무능한 자에게는 힘을 더하시나니 소년이라도 피곤하며 곤비하며 장정이라도 넘어지며 쓰러지되 오직 여호와를 앙망하는 자는 새 힘을 얻으리니 독수리가 날개 치며 올라감 같을 것이요 달음박질하여도 곤비하지 아니하겠고 걸어가도 피곤하지 아니하리로다(사 40:28-31).

부록 B | 관상적 성경 읽기: 렉시오 디비나

렉시오 디비나(Lectio Divina)는 성경 읽기의 고전적 방법이다. 하나님께서 우리에게 하시는 말씀을 개인적으로 들을 수 있도록 돕는데 목적이 있다. 이것은 베네딕트(St. Benedict)가 그의 규칙을 따르는 사람들을 위하여 소개한 것으로 최근에 다시 인지도를 얻고 있다.

성경 말씀을 공부하기보다는 성경 말씀이 우리에게 단순히 말씀하도록 하시는 방법이다. 묘사하는 단어가 많으며 너무 교리적이지 않은 조금 작은 본문을 선택한다. 시편과 복음서들이 이 목적에 알맞다. 렉시오 디비나를 시작하기에 알맞은 본문은 아마도 아가 2:14-15, 이사야 43:1-2, 마태복음 3:16-17, 마가복음 6:30-32이다.

마음을 가라앉히고 몸의 긴장을 풀기.
눈을 감고 편히 앉아 천천히 호흡하며 주의를 집중한다. 당신에게 하나님께서 말씀해 주시기를 기도하고 "들을 수 있는 귀"를 구한다.

(당신에게 주신) 말씀을 듣기.
본문을 두 번 읽고 당신의 마음에 감동이 되는 단어나 구절을 주의 깊게 묵상한다. 그것을 이해하려하거나 깊은 뜻을 추측하려고 하지 말고 단순히 주어진 말씀을 받는다. 침묵 하는 동안 부드럽게 혹은 조용히 그것을 반복해서 따라한다. 지도자가 요청하면

가감하거나 설명하지 않고 그 단어나 구절만 크게 소리 내어 말한다.

"이 말씀이 어떻게 내 삶을 감동시키는가?"라고 묻기.
본문을 다시 읽는다. 이 단어가 당신의 삶과 어떻게 연결되는지 발견하기 위하여 경청한다.
그것을 통해 하나님께서 당신에게 무엇이라고 말씀하시는가?
이미지나 그림이 떠오르기를 마음으로 준비한다. 다시 당신에게 주어진 것을 받아서 침묵 속에서 그것을 묵상한다. 지도자가 요청하면 그리고 마음이 있으면 당신의 삶과 연결된 단어에 대해 어떻게 느끼는지 한 두 문장으로 말한다.

"내가 응답하도록 초대하는 것이 있는가?"라고 묻기.
본문을 세 번째로 읽은 후에 당신이 어떤 응답을 해야 할지 심사숙고해 본다.
하나님께서 당신이 어떻게 되기 원하시는 것이 있는가?
하나님께서 당신이 무엇을 하기 원하시는 것이 있는가?
지도자가 요청하면 그리고 마음이 있으면 간단히 당신의 응답을 다른 사람들에게 나눈다. 다른 사람들의 이야기도 경청한다. 특히 오른 쪽 사람의 말을 주의 깊게 듣는다.

응답할 수 있도록 서로를 위하여 기도하기.
오른 쪽 사람을 위해 큰 소리로 혹은 조용히 하나님께서 그들에게 응답하도록 도와주시기를 간단하게 기도한다.

추가 참고 문헌

Richard Peace, *Contemplative Bible Reading*, Nav Press, 1998.

Norvene Vest, *Knowing by Heart*, DLT, 1993.

부록 C | 영적 멘토링을 위한 윤리적 지침

이 윤리적 지침은 국제영적 지도자협회(Spiritual Directors International)에서 발행한 것과 똑같은 지침서로 사용을 허락 받은 것이다.

서약
1. 영적 지도자들은 대화를 이끌고 피지도자들에게 다음과 같은 것에 관하여 동의를 이끌어 낸다.
   1) 영적 지도의 성격
   2) 지도자와 피지도자의 역할
   3) 영적 지도 시간의 길이와 회수
   4) 필요하다면 지도자나 기관에 감사를 표현할 방법
   5) 영적 지도 관계의 평가와 마치는 과정

존엄성
2. 영적 지도자들은 피지도자들의 존엄성을 다음과 같은 식으로 존중한다.
   1) 피지도자의 가치와 양심과 영성과 신학을 존중한다.
   2) 필요하다면 피지도자의 동기와 경험 혹은 관계들에 관하여 질문한다.
   3) 영적 지도 관계에서 힘의 불균형을 인식하고 그것을 부당하게 사용하지 않도록 주의한다.

4) 피지도자와 신체적이고 심리적인 면에서 적절한 경계를 정하여 이를 잘 유지한다.

5) 피지도자를 말이나 행동으로 조종하거나 학대하는 행위를 포함하여 일체의 성적 행위를 삼간다.

비밀 보장

3. 영적 지도자들은 다음을 행함으로 피지도자의 비밀과 사생활을 보장한다.

1) 피지도자의 신분을 보호한다.

2) 영적 지도 시간에 거론된 말과 글로 적힌 것들을 비밀로 유지한다.

3) 영적 지도를 수행하기에 적절한 환경을 설정한다.

4) 아동학대, 노인학대 그리고 자신과 다른 사람을 신체적으로 상해를 줄 수 있는 경우를 포함하여 일체의 학대 행위에 대해 적절한 권한이 있는 담당자에게 알릴 필요가 있다는 법적 규정을 언급한다.

더 많은 정보를 위하여 | Spiritual Directors International, PO Box 3584, Bellevue, WA 98009-3584, USA.

웹 사이트 | www.sdiworld.org.

참고문헌

Keith Anderson and Randy Reese, *Spiritual Mentoring*, Eagle, 1999

Howard Baker, *Soul Keeping*, NavPress, 1998

Peter Ball, *Introducing Spiritual Direction*, SPCK, 2003

Jeanette Bakke, *Holy Invitationas*, Baker Books, 2000

David Benner, *Sacred Companions*, IVP, 2002

Annice Callahan, *Spiritual Guides for Today*, DLT, 1992

Maureen Conroy, *Looking into the Well*, Loyola Press, 1995

Larry Crabb, *Soul Talk*, Integrity, 2003

Bruce Demarest, *Satisfy Your Soul*, NavPress, 1999

Bruce Demarest, *Soul Guide*, NavPress, 2003

Rose Mary Dougherty, *Group Spiritual Direction*, Paulist Press, 1995

Tilden Edwards, *Spiritual Friend*, Paulist Press, 1980

Margaret Guenther, *Holy Listening*, Cowley Press, 1992

Kenneth Leech, *Soul Friend*, Sheldon Press, 1977

Anne Long, *Approaches to Spiritual Direction*, Grove Books, 1984

Thomas Merton, *Spiritual Direction and Meditation*, Anthony Clarke, 1975

Gary Moon and David Benner, *Spiritual Direction and the Care of Souls*, Eagle, 2005

Robert Mulholland, *Invitation to a Journey*, IVP, 1993

Henri Nouwen, *Spiritual Direction*, Harper San Francisco, 2006

Eugene Peterson, *The Wisdom of Each Other*, Zondervan, 1998

Janet Ruffing, *Spiritual Direction*, Paulist Press, 2000

Ray Simpson, *Soul Friendship*, Hodder & Stoughton, 1999

Edward Sellner, *Mentoring*, Cowley Press, 2002

Jean Stairs, *Listening for the Soul*, Fortress Press, 2000

영적 멘토링
Mentoring for Spiritual Growth

2016년 5월 31일 초판 발행

지 은 이 | 토니 호스폴
옮 긴 이 | 정은심

편   집 | 이종만
디 자 인 | 이재희
펴 낸 곳 | 사)기독교문서선교회
등   록 | 제16-25호(1980. 1. 18)
주   소 | 서울시 서초구 방배로 68
전   화 | 02) 586-8761~3(본사) 031) 942-8761(영업부)
팩   스 | 02) 523-0131(본사) 031) 942-8763(영업부)
홈페이지 | www.clcbook.com
이 메 일 | clckor@gmail.com
온 라 인 | 기업은행 073-000308-04-020, 국민은행 043-01-0379-646
         예금주: 사)기독교문서선교회

ISBN 978-89-341-1539-7 (93230)

* 낙장·파본은 교환해 드립니다.

이 도서의 국립중앙도서관 출판시 도서목록(CIP)은 서지정보유통지원시스템 홈페이지(http://seoji.nl.go.kr)
와 국가자료공동목록시스템(http://www.nl.go.kr/kolisnet)에서 이용하실 수 있습니다.
(CIP제어번호: CIP2016010728)